Sophia West

Der Fianna Zyklus:
Der Stein von Temair

Eine keltische Sage aus Irland

ACABUS | Verlag

West, Sophia: Der Fianna Zyklus: Der Stein von Temair. Eine keltische Sage aus Irland, Hamburg, ACABUS Verlag 2009

Originalausgabe
ISBN: 978-3-941404-48-9

Lektorat: D. Sechtig, ACABUS Verlag

Covermotiv: © ideemontabili · Fotolia.com

Umschlagsgestaltung: D. Sechtig, ACABUS Verlag

Illustrationen: Sophia West

Der ACABUS Verlag ist ein Imprint der Diplomica Verlag GmbH, Hermannstal 119k, 22119 Hamburg.

Bibliografische Information der Deutschen Bibliothek:
Die Deutsche Bibliothek verzeichnet diese Publikation in der Deutschen Nationalbibliografie; detaillierte bibliografische Daten sind im Internet über <http://dnb.ddb.de> abrufbar.

Die eBook-Ausgabe dieses Titels trägt die ISBN 978-3-941404-49-6 und kann über den Handel oder den Verlag bezogen werden.

Printed in Germany

1. Das Versprechen

Ériu, das Inselreich des Nordens, bestand aus fünf Provinzen. Ulaidh lag im Norden, Connacht im Westen, Laighin im Osten und Mumhain lag ganz im Süden der Insel. Das Mittelreich, Midhe, hielt die anderen Provinzen zusammen; Midhe grenzte an jede der übrigen Provinzen. In Temair, der Hauptstadt von Midhe, hatte der Hochkönig von Érui seinen Sitz. Die übrigen Provinzen hatten ihre eigenen Hauptstädte: Ulaidh hatte Emhain Mhacha als Hauptstadt, Connacht hatte das stolze Cruachan Aí, in Laighin war Dún Ailinne die Hauptstadt und in Mumhain Caiséal. Obwohl auch diese bedeutende Städte waren, war doch keine Stadt in Ériu wichtiger als Temair. Dort war das politische, kulturelle und militärische Zentrum von Ériu. Unweit von Temair befand sich Almhuin, das Hauptquartier der Fianna, der Armee Érius. In Temair tagte der Hohe Rat, wo die Könige der Provinzen sich mit dem Hochkönig berieten. Temair war aber auch kulturell und wirtschaftlich von großer Bedeutung. Hier trafen sich die Händler der bekannten Welt und verkauften ihre Waren. Hier wurden die großen Feste gefeiert. Kurzum: Wer etwas auf sich hielt, der lebte in Temair.

Ériu blickte auf eine kriegerische Geschichte zurück. Verschiedene Völker hatten im Laufe der Zeit versucht Ériu zu beherrschen. Einige waren dabei mehr erfolgreich, einige weniger. Die Tuatha de Danaan gehörten zweifellos zu den erfolgreicheren. Sie kamen angeblich mit gewaltigen Schiffen über das Meer im Norden, auch wenn niemand diese Schiffe jemals zu Gesicht bekommen hatte. Die Tuatha de Danaan marschierten von Ulaidh nach Connacht, bis sie zur Ebene von Magh Tuireadh kamen. Ihre Herzen waren zufrieden, denn sie hatten das Land ihrer Vorfahren erreicht. Als die Firbolg, die Érui damals beherrschten, von der Ankunft der Invasoren erfuhren, machten sie sich ebenfalls auf den Weg nach Magh Tuireadh, um die Tuatha de Danaan auszuspionieren. Als die Firbolg die Tuatha de Danaan erblickten, sahen sie die schönsten Kreaturen, die sie jemals gesehen hatten. Sie waren groß und schlank und dunkelhaarig. Gut und scharf bewaffnet, begabt in der Musik und im Spiel - zweifellos die begabtesten die jemals über das Meer gekommen waren. Die Firbolg bekamen Angst, denn die Tuatha de Danaan übertrafen alle Völker der bekannten Welt in jeder Kunst.

Die Firbolg beschlossen einen einzelnen Krieger zu den Tuatha de Danaan zu schicken. Sie entschieden sich für Sreng, einen besonders großen und geschickten Krieger. Also ging Sreng, Sohn von Sengann, über die Ebene von Magh Tuireadh. Als die Tuatha de Danaan bemerkten, dass sich ihnen ein furchteinflößender Krieger näherte, schickten auch sie einen der ihren, nämlich Bres, Sohn von Elatha. Als sich die beiden trafen, waren beide von der Größe und den Waffen des jeweils anderen überrascht. Beide hoben vorsorglich ihre Schilde hoch und hielten sich dahinter verborgen, abwartend und lauernd. Dann sprach Bres einen kurzen Gruß und Sreng antwortete. So erkannten beide, dass sie dieselbe Sprache sprachen und dieselben Ahnen haben mussten. Bres und Sreng senkten ihre Schilde und betrachteten den anderen nun genauer.

„Was siehst du?", fragte Sreng.

„Große Waffen mit breiten, scharf-gewetzten Spitzen. Tod ist in der Waffe mächtigen Schlägen, Wunden in ihrem Gebrauch. Ihr Schrecken ist überwältigend. Wie nennt ihr sie?", fragte Bres.

„Wir nennen sie Schlachtspeere", antwortete Sreng.

„Das sind gute Waffen. Sie bedeuten gebrochene Knochen und zerborstene Schilde, Narben und Leid. Den Tod und ewigen Makel bedeuten sie. Diese Waffen zu benutzen, wäre Brudermord. Wir sollten ein Abkommen treffen", sagte Bres und Sreng war derselben Meinung. So ging Bres zurück zu den Tuatha de Danaan und Sreng zurück zu den Firbolg. Sie berichteten ihren Königen von den mächtigen Waffen der anderen. Bres berichtete über die Schlachtspeere und Streng erzählte von dem mächtigen Schwert, das Bres trug. Beide schlugen ihrem König ein Abkommen vor und beide stießen auf taube Ohren. Eochaid, Hochkönig der Firbolg und Nuada, König der Tuatha de Danaan, wollten den Kampf und so kam es zur ersten Schlacht von Magh Tuireadh zwischen den Tuatha de Danaan und den Firbolg, den Völkern, die einst Brüder gewesen waren. Die Rahmen von Schilden wurden gebrochen, Klingen brachen von den Griffen der Schwerter und von den Speeren fielen die Spitzen ab. So manch ein großer Krieger fiel auf den Torfboden von Magh Tuireadh in den ewigen Schlaf. Während der ersten beiden Tagen traten die Tuatha de Danaan und die Firbolg als ebenbürtige Gegner auf, doch am dritten Tag wurde nicht zuletzt auch den Firbolg klar, dass sie unterliegen würden. Trotzdem kämpften sie weiter, denn sie wollten Ériu und ihre Hauptstadt Temair nicht verlieren. Erst nachdem eine große Anzahl der Firbolg gefallen war, gaben sie auf. Auch die Tuatha de Danaan wollten nicht weiter kämpfen, da einer ihrer Seher bereits neues Unheil am Horizont erkannte hatte. So gaben die Tuatha de Danaan den Firbolg die Provinz Connacht, während sie selbst als neue Herren von Temair nach Süden zogen und fortan den Rest von Érui beherrschten. Für eine kurze Zeit war Frieden zwischen den Tuatha de Danaan und den Firbolg, ein Frieden der jedoch für die Tuatha de Danaan nur von kurzer Dauer war.

Denn der Seher der Tuatha de Danaan hatte sich nicht geirrt und die Zeichen richtig gedeutet. An den steilen Küsten der nördlichen Provinz Ulaidh krochen die Fomoire empor. Sie hatten das Leben in der Tiefe des Halbdunkeln satt und beschlossen in Ériu, das grün und fruchtbar war, einzufallen. Anders als die Firbolg hatten die Fomoire nichts mit den Tuatha de Danaan gemein. Die Fomoire waren schrecklich anzuschauen und mehr tierisch als menschlich. Sie waren dunkel und am ganzen Körper behaart. Zudem hatten sie lange Eckzähne wie Raubtiere.

Die Tuatha de Danaan bereiteten sich auf die Schlacht vor. Unter der Führung von Lugh leistete jeder Handwerker, jeder Druide und jeder Zauberer seinen Beitrag. Die Handwerker schmiedeten mächtige Waffen und die Zauberer ließen die Berge Érius erzittern, sodass große Steine auf die Angreifer fielen. Die Druiden schickten einen Feuerregen und behinderten so die Sicht der Fomoire mit einem dichten Nebel. So wurde die Truppenstärke der Fomoire um ein Drittel dezimiert, bevor sie die Tuatha de Danaan überhaupt erreichten.

Die Fomoire wurden von Balor mit dem teuflischen Auge angeführt. Sein rechtes Auge musste er ständig bedeckt halten, denn was immer dieses Auge erblickte, zerfiel zu Staub. Die beiden Armeen trafen auf der Ebene von Magh Tuireadh zusammen, wo die Tuatha de Danaan bereits gegen die Firbolg gekämpft hatten. Balor stand vor der Armee der Tuatha de Danaan und öffnete langsam sein rechtes Auge, als Lugh einen Stein nahm und ihn mit einer Schleuder durch Balors Auge und dessen Hinterkopf feuerte. Für einen Moment erblickte Balors Auge dessen eigene Armee an. Die gesamte Armee der Fomoire wurde so ausgelöscht und nicht ein einziger blieb am Leben. Erneut waren die Tuatha de Danaan siegreich.

Doch sie fanden auch jetzt keine Ruhe. Die Firbolg wollten die durch den Kampf scheinbar geschwächten Tuatha de Danaan überraschen. Die Firbolg gingen davon aus, dass sich die Tuatha de Danaan an den Fomoire aufgerieben hatten und dachten, dass sie nun ein leichtes Spiel hätten. Doch in Wahrheit hatten die Tuatha de Danaan die Fomoire besiegt, ohne dass sie ein einziges Schwert gehoben hatten. Diesmal überlegten die Tuatha de Danaan nicht lange und es wurden auch keine Gesandten geschickt. Sie trieben die Firbolg aus Connacht nach Ulaidh über die Klippen ins Meer; genau über den Weg, den die Fomoire zuvor gekommen waren. Die Tuatha de Danaan zeigten dabei keine Gnade. So kam es, dass die Tuatha de Danaan für lange Zeit ganz Ériu beherrschten und die Firbolg ins Tír Fá Tonn, der ehemaligen Heimat der Fomoire, gelangten.

Viele Zyklen vergingen, in denen die Tuatha de Danaan die unangefochtenen Herrscher von Ériu waren. Sie brachten den Lia Fáil, den Stein des Schicksals, nach Temair. Der Lia Fáil war eines von vier Heiligtümern, die die Tuatha de Danaan nach Ériu brachten. Der magische Stein schützte Ériu vor bösen Mächten wie den Fomoire. Solange der Lia Fáil in Temair stand, war Ériu vor Angreifern aus der Anderswelt sicher. Was die Tuatha de Danaan nicht erwarteten war, dass ihnen ganz irdische Wesen die Herrschaft über Ériu streitig machen würden. Doch genau das sollte geschehen.

Míl, Führer der Gaeil, fiel mit seinen Söhnen und vielen hundert Kämpfern in Ériu ein. Sie kamen aus dem Süden über das Meer Die Tuatha de Danaan hatten viele hundert Zyklen in Frieden und Wohlstand gelebt. Sie hatten Städte und Siedlungen errichtet, Straßen gebaut und den Ackerbau und die Viehzucht verfeinert. Sie übten sich in Tanz und Spiel und gaben sich allgemein gerne dem Schöngeistigen hin. In der Kunst des Kampfes übten sie sich jedoch nicht mehr. Außer für die Jagd hatten sie für Waffen keine Verwendung. Der Angriff der Gaeil kam vollkommen unerwartet. Hinzu kam, dass die Gaeil die Tuatha de Danaan von verschiedenen Seiten angriffen: Eremón, Sohn von Míl, kam von Westen, Amergin, Sohn von Míl, fiel mit seinen Männern im Süden ein und Eimher Mac Míl kam vom Norden. Míl selber kam aus dem Osten und nahm sich Temair vor. Nach kurzer, erbitterter Schlacht nahe der Stadt Tailtiu in der Provinz Midhe verloren die Tuatha de Danaan die Herrschaft über Érui. Die Gaeil machten Temair zu ihrer eigenen Hauptstadt und nahmen den Lia Fáil an sich. Zum Schutze Érius gründeten die Gaeil die Fianna, die erste stehende Armee der Insel. Die Gaeil wollten nicht denselben Fehler wie die Tuatha de Danaan machen. Auch wenn sie nun ganz Ériu beherrschten, wollten sie sich weiter in der Kunst des Krieges üben.

Die Tuatha de Danaan aber wollten nicht mit den Gaeil als Herrscher über Ériu leben. Dafür waren sie ein zu stolzes Volk. Ériu verlassen wollten sie jedoch auch nicht. Die Tuatha de Danaan überließen es Manannan, Sohn von Lir, der ihr größter Zauberer und Druide war, eine Lösung für ihr Dilemma zu finden. Manannan sollte Orte in Ériu finden, an denen die Tuatha de Danaan in Ruhe und in Sicherheit existieren könnten. So suchte Manannan einige der schönsten Plätze in Ériu aus und versah diese mit verborgenen Mauern, durch die niemand durchschauen konnte und durch die nur die Tuatha de Danaan gehen konnten. Zusammen mit Goibniu, dem Schmied, der sich auch mit der Alkoholherstellung bestens auskannte, braute er ein besonderes Bier und veranstaltete ein großes Festmahl in der neuen Heimat. Alle Tuatha de Danaan tranken bei diesem Festmahl von dem Bier und es machte sie immun gegen Alter und Krankheit. Solange sie keine tödlichen Wunden erlitten, waren alle Tuatha de Danaan seit dem Festmahl von Goibniu und Manannan unsterblich. Die Herrschaft über Ériu hatten die Tuatha de Danaan jedoch für immer an die Gaeil verloren.

Für die Gaeil zahlte es sich bald aus, dass sie die Fianna gegründet hatten. Denn nachdem die Gaeil wie zuvor die Tuatha de Danaan einige Jahre Ériu unangefochten beherrscht hatten, wurden auch sie zum Kampf gefordert. Ein junger König und mutiger Krieger namens Daire Donn landete mit seinen Schiffen am An Trá Bhán in Connacht. Woher er kam, wussten die Gaeil nicht. Was sie jedoch sahen war, dass Daire Donn eine Armee mitgebracht hatte, die Ériu noch nicht gesehen hatte, so gewaltig war sie. Die Fianna machte sich sofort auf den Weg nach An Trá Bhán, den weißen Strand von Corca Dhuibhne. Angeführt wurde die Fianna von Finn, dem Sohn des Königs von Connacht. Die Schlacht von An Trá Bhán sollte die größte werden, die Ériu bis dahin gesehen hatte und lange sah es so aus, als ob die Fianna die Armee Daire Donns nicht schlagen würde. Viele mutige Männer verloren binnen weniger Tage ihr Leben. Daire Donn selbst trug eine Rüstung, die ihn unbesiegbar machte. Als die Fianna erkannte, dass sie der Aufgabe nicht gewachsen war, schickten sie einen Boten nach Temair zum Hochkönig Cairbre Lifechair. Doch Cairbre Lifechair verweigerte seine Hilfe. Nur sein ältester Sohn war bereit, mit der Fianna in den Kampf zu ziehen. Er fand seinen Tod in dieser Schlacht. Dies konnte Cairbre Lifechair der Fianna niemals verzeihen. Die einzigen, die der Fianna schließlich zur Hilfe kamen, waren seltsamerweise die Tuatha de Danaan, die einstigen Feinde der Gaeil. Lange wurde später darüber gerätselt, warum die Tuatha de Danaan dies taten. Die meisten glaubten, dass die Tuatha de Danaan einfach keinen Tribut an Daire Donn, den sie noch mehr verabscheuten als die Gaeil, zahlen wollten. Jedenfalls waren die Tuatha de Danaan es, die der Fianna zum Sieg verhalfen. Sie gaben Finn ein Schwert, das die Rüstung von Daire Donn durchdringen konnte, und so fand er dann in der Schlacht von An Trá Bhán sein Ende: Durch das Schwert der Tuatha de Danaan in der Hand eines Gaeils.

Doch auch die Zeit der Gaeil und der Fianna neigte sich irgendwann ihrem Ende zu. Alles begann damit, dass dem Hochkönig Cairbre Lifechair die Fianna zu mächtig wurde. Denn obwohl viele Krieger der Fianna die Schlacht von An Trá Bhán nicht überlebt hatten, machte diese Schlacht die Fianna mächtiger als je zuvor. Neben einem enormen Prestigegewinn, erbeutete die Fianna eine nicht geringe Menge an Gold und Silber von den Angreifern und ihren Schiffen. Der Hochkönig baute im Geheimen seine eigene Armee auf. Es kam zur Schlacht von Gabhra, nahe Temairs. Die Armee des Hochkönigs war der Fianna zahlenmäßig weit überlegen. Die Fianna kämpfte mutig und obwohl der Hochkönig in dieser Schlacht getötet wurde, verließ die Fianna das Schlachtfeld nicht als siegreiche Partei, denn die meisten ihrer Anhänger fielen ebenfalls. Die wenigen Überlebenden der Schlacht von Gabhra verteilten sich in alle Himmelsrichtungen. Eine Ära ging zu Ende.

Die Zeiten glorreicher Schlachten und die Blütezeit der Herrschaft der Gaeil waren vorbei und als der König von Connacht starb, blieb der Thron verwaist. Des Königs einziger Sohn, Finn, der einstige Führer der Fianna und Held der Schlacht von An Trá Bhán, war seit vielen Zyklen verschwunden. Chaos und Hunger herrschten in dem Land, das einst blühte. Connacht wurde von den schwarzen Reitern heimgesucht, die Unglück und Verderben über das Land brachten. Niemand wusste, woher sie kamen. Es gab Gerüchte, dass sie tief aus dem Süden Ériús stammten. Einige glaubten auch, dass sie aus der Anderswelt kamen, wie einst die Fomoire, die versuchten hatten, ganz Ériu zu unterwerfen. Andere glaubten sogar, dass die schwarzen Reiter von den Tuatha de Danaan geschickt wurden, um sich an den Gaeil, die Ériu immer noch beherrschten, zu rächen. Ériu an die Gaeil zu verlieren, war eine Schmach gewesen, die die Tuatha de Danaan nur schwer ertragen konnten. Deshalb existierten die Tuatha de Danaan auch nur noch im Verborgen, wo sie weiter ihren geheimen Künsten nachgingen. Der neue Glaube, der aus einem fernen Land nach Ériu gebracht worden war, behauptete gar, dass die Tuatha de Danaan niemals existiert hatten und eine Erfindung von alten

Männern seien, die einer längst vergangen Zeit nachtrauerten. Die meisten wussten es jedoch besser.

Donn, der eingesetzte Verwalter Connachts, schickte Boten zum neuen Hochkönig Fiacha Sraibhtine, um von ihm militärische Hilfe gegen die Angreifer zu erbitten. Doch keiner der Boten kehrte je zurück. Niemand wusste, was mit dem Hochkönig, dem Hüter des Steins von Temair, passiert war. Dunkelheit lag über Temair, dem heiligen Berg Érius, Dunkelheit und Verzweiflung. Die anderen Königreiche Ulaidh, Mumhain und Laighin verweigerten Connacht die Bündnistreue. Sie gaben an, eigene Probleme zu haben. Ériu drohte zu zerfallen.

Und in all dieser Not blieb der Mann, der Connacht retten konnte, verschwunden. Seit der Schlacht von Gabhra, die vor 20 Zyklen stattgefunden hatte, war er nicht mehr gesehen worden. Man sagte, dass er sein Herz an die Tochter des Herrschers des Königreiches Tír fa Tonn verloren hatte. Die Gaeil hielten die Firbolg für feenähnliche Kreaturen, die ihre Gestalt verändern konnten und sogar die Fähigkeit besitzen sollten, sich in Luft zu verwandeln. Die Gaeil erzählten sich, dass man im Tír Fá Tonn langsamer alterte, denn in der Mitte dieses Königreichs sollte sich ein Jungbrunnen befinden, aus dem alle Bewohner des Königreichs ihr Wasser bezogen. Und neben dem Brunnen sollte der Baum stehen, an dem die neun Haselnüsse der Weisheit wuchsen. Wer von diesen magischen Nüssen aß, würde ewige Weisheit erlangen, meinten die Gaeil. Wie es im Tír Fá Tonn wirklich aussah und warum die Firbolg dort lebten, wussten die Gaeil jedoch nicht.

In dieses sagenumwobene Königreich war Finn, Sohn von Cumhal, hinabgestiegen. Er erblickte Ríoghnach, die Tochter des Firbolg-Königs Conall, und vergaß. Er vergaß seinen Vater. Er vergaß die Fianna, seine Gefährten. Er vergaß seine Bestimmung. Geblendet von Ríoghnachs Schönheit vergaß er schließlich sogar die Zeit. Aus Sommer wurde Herbst, aus Herbst wurde Winter. Und so vergingen die Jahre, ohne dass Finn es merkte. Ríoghnach liebte Finn sehr, doch ohne es zu wollen, hielt sie ihn davon ab, sein Schicksal zu erfüllen. Ríoghnach hörte die Gerüchte, die von oben in ihre Welt eindrangen. Ériu versinke im Chaos und werde von einer dunklen Macht heimgesucht, die niemanden am Leben ließe. Und so trat sie vor ihren Vater und bat ihn, sie gehen zu lassen. Sie wollte zusammen mit Finn an die Oberfläche gehen und dort mit ihm zusammen leben. Finn war froh, dass Ríoghnach dies tat, denn obwohl es ihm im Tír Fá Tonn gefiel, wollte er zurück in seine Heimat. Er fragte sich, was aus den anderen Kämpfern der Fianna geworden war. Finn versprach Conall gut auf seine Tochter zu achten. Doch Conall zeigte sich von ihrem Gesuch, das Tír Fá Tonn gemeinsam zu verlassen, wenig beeindruckt. Er hatte vor Jahren seinen einzigen Sohn an die Oberfläche verloren. Ríoghnach war zu jung gewesen, um sich daran zu erinnern. Doch seitdem Ríoghnachs Bruder an die Oberfläche gestiegen und nicht zurückgekehrt war, glaubte Conall, dass alles, was sich über seinem Königreich befand, abgrundtief verdorben war. Auch Finn vertraute er nicht. Obwohl er der Sohn des Königs von Connacht und daher von königlichem Blut war, wollte er ihm seine Tochter nicht zur Frau geben. Zu tief war der Hass auf alles über den Wellen. Er stellte Finn vor unlösbare Aufgaben und obwohl Finn sie dennoch bestand, traute er ihm nicht. Im Gegenteil, es machte Conall nur noch argwöhnischer. Er stellte klar, dass Finn das Tír Fá Tonn jederzeit verlassen dürfe – ohne seine Tochter. Das jedoch wollte Finn nicht.

Schließlich fasste Ríoghnach einen Entschluss. Sie wollte mit Finn gehen – ohne das Einverständnis ihres Vaters. Eines Nachts als alle schliefen, schlichen sie zur Balla Mhór, der großen Felswand. Jeder Firbolg wusste, dass man die Oberfläche erreichte, wenn man diese große Felswand nach oben kletterte. Jedoch hätte kaum ein Firbolg dies freiwillig getan, denn im Laufe der Zeit hatten sie aus dem Tír Fá Tonn einiges gemacht. Es war nicht mehr der kalte, dunkle Ort wie damals als sie hier ankamen. Die Firbolg waren hier zufrieden und an die Oberfläche geschickt zu werden, war neben dem Tod die härteste Strafe, die einem Firbolg auferlegt werden konnte. Finn und Ríoghnach machten sich also auf den Weg und konnten sich sicher sein, dass sie nicht verfolgt würden, denn Conall konnte niemanden an die Oberfläche schicken, der nicht eine schwerwiegende Missetat begangen hatte.

Als Finn mit Ríoghnach Ulaidh, das Königreich des Nordens, erreichte, spürte dieser sofort, dass hier etwas nicht stimmte. Ériu war nicht mehr das Land, dass er vor einem Zyklus verlassen hatte. Finn und Ríoghnach zogen durch ganz Ulaidh nach Connacht und trafen außer ein paar verängstigte Bauern, die zu keiner Auskunft bereit waren, keinen Menschen. Als sie schließlich in Cruachan Aí ankamen, fanden sie es in einem desolaten Zustand vor. Dort berichtete man ihnen, dass der König schon vor vielen Zyklen gestorben sei. 20 Zyklen hatte Finn im Königreich Tír Fá Tonn verbracht und es war ihm nicht länger als einer vorgekommen, was auch nicht verwunderlich war, denn er war auch nicht mehr als einen Zyklus gealtert. Über die schwarzen Reiter, die an der Verwüstung des Landes

Schuld hatten, erfuhren Finn und Ríoghnach wenig. Wie viele gab es von ihnen? Woher kamen sie? Niemand wusste es. Die Menschen in Cruachan Aí wussten nur, dass sie ihre Ernte zerstört und viele ihrer Freunde und Verwandten getötet hatten.

Das Volk von Connacht erinnerte sich nicht mehr an Finn, den verschollenen Sohn des Königs, und es wollte sich auch nicht an ihn erinnern. Die Menschen fühlten sich verraten und im Stich gelassen, denn ihr König war nicht da gewesen, als sie ihn am nötigsten gebraucht hätten. Jetzt wollte das Volk von Connacht Finn nicht mehr als König haben. Jetzt war es zu spät. Alle Heldentaten Finns konnten das erlittene Unrecht nicht mehr aufwiegen. Den Bewohnern von Connacht viel es zu schwer, Finns Worten glauben zu schenken, dass er etwas ändern könnte und mit einer neuen Fianna, das Land wieder sicher machen wollte.

Am Grab seines Vaters fiel Finn auf die Knie und versprach, das Unrecht wieder gut zu machen. Er versprach, die schwarzen Reiter zu finden und sie auszulöschen. Obwohl Finn die meiste Zeit seines Lebens nicht in Connacht verbracht hatte, fühlte er sich für sein Volk verantwortlich. Den Ring, den er von seinem Vater bekommen hatte und der ihn als den Thronfolger von Connacht identifizierte, hatte er immer an seinem rechten Ringfinger getragen. Er hatte sich nie viel daraus gemacht, der offizielle Thronfolger von Connacht zu sein. Es war ihm eher lästig gewesen. Warum er dennoch den Ring seines Vaters nie abgenommen hatte, war ihm bis jetzt nicht klar gewesen. Finn beschloss sich seiner Verantwortung zu stellen. Er war nicht der Führer der Fianna geworden, weil er davonlief, wenn es schwierig wurde. Finn hatte immerhin Daire Donn bei der Schlacht von An Trá Bhán, die die meisten schon für verloren gehalten hatten, besiegt. Doch nun war es mehr als schwierig. Die Fianna existierte nicht mehr und alleine konnte er die schwarzen Reiter nicht besiegen. Also bat er die Bewohner von Cruachan Aí ihn zu unterstützen, doch seinem Aufruf folgten nur drei Mann: Cáilte, Sohn von Ronan, Diarmuid, Sohn von Conn und Oisín, von dem niemand genau wusste woher er kam. Ronan hatte ihn als kleinen Jungen beim Jagen im Wald gefunden. Er nahm ihn bei sich auf und gab ihm den Namen Oisín. Ronan und Conn, die bereits verstorben waren, hatten zusammen mit Finn in der Fianna gedient. Sie waren gute und mutige Kämpfer gewesen, aber ob Finn auch auf Cáilte, Diarmuid und Oisín zählen konnte, wusste er nicht, aber er musste es zumindest versuchen, denn eine Wahl hatte er nicht. Aber bevor Finn sich mit den dreien auf Abenteuer einließ, wollte er zumindest testen, wie sie sich im Schwertkampf machten. Finn passte es nicht, das Cáilte und Diarmuid Léine und Brat, die traditionelle Kleidung der Bessergestellten, trugen. Was ihn störte war nicht, dass Cáilte und Diarmuid damit unterstrichen, dass sie der Oberschicht angehörten, sondern dass Léine und Brat unpraktische Kleidungsstücke waren, die einem beim Kampf nur behinderten. Ein langes Gewand und darüber noch ein Mantel ohne Ärmel. Finn fragte sich, wer solch unpraktische Kleidung wohl erfunden hatte und wer erlassen hatte, dass jeder der etwas auf sich hielt, das tragen sollte. Was Finn an Oisíns Auftreten nicht gefiel, war etwas ganz anderes. Zwar trug Oisín wie Finn selbst Inar und Truin - einen kurzen Mantel mit Ärmeln und einer Hose - doch Oisíns Inar und Truin wirkten nicht nur ärmlich. Was Oisín trug, unterstrich ganz deutlich, dass er sich einen Dreck darum scherte, was die Leute von ihm dachten.

Doch als Finn Cáilte, Diarmuid und Oisín zum Zweikampf bat, war dieser positiv überrascht. Cáilte und Diarmuid kämpften trotz ihrer anmaßenden und unpraktischen Kleidung recht passabel und von Oisín wäre er beinahe geschlagen worden. Finn musste zweifellos ein wenig aus der Übung sein und Oisín war offenbar gut von Ronan, seinem Ziehvater, unterrichtet worden. Warum hatte Ronan seinen leiblichen Sohn nicht genau so gut unterrichtet, fragte sich Finn. Aber Finn war klar, dass Unterricht nicht alles war. Oisín hatte einfach Talent und das fehlte Cáilte und Diarmuid.

Da Finn genaue Informationen über die schwarzen Reiter fehlten, beschloss er den weisen Druiden von Garrán Dubh aufzusuchen. Der Garrán Dubh lag in der Nähe von Loch Dearg, am äußersten Ende von Connacht. Der Weg von Cruachan Aí war recht weit. Der Druide und sein dunkler Wald wurden in Connacht gefürchtet. Einige glaubten sogar, dass der Druide zu den Tuatha de Danaan gehörte. Finn machte das keine Angst. Er hatte vielmehr Angst, dass der Druide, von dem man ihm erzählt hatte, inzwischen auch gestorben war.

Also zog Finn mit Oisín, Cailte und Diarmuid los. Auch Ríoghnach nahm Finn mit. Er wollte sie nicht alleine in Cruachan Aí zurücklassen. Mit ihren langen blonden Haaren, ihrem langen blauen Léine und ihrem goldenen Schmuck fiel sie dort zu sehr auf, wie eine weiße Blume unter hundert roten. Finn hatte Angst, dass Ríoghnach in Cruachan Aí in seiner Abwesenheit etwas zustoßen könnte und so nahm er sie kurzerhand mit. Ríoghnach selbst kam nur widerwillig mit, denn Diarmuid und Cáilte hatten es nicht versäumt, ihr Schauergeschichten über den Druiden und den dunklen Wald zu erzählen.

2. Der Garrán Dubh

Über den Druiden und den Wald Garrán Dubh erzählte man sich allerhand seltsamer Dinge. Einige Leute, die den Druiden angeblich gesehen hatten, beschrieben ihn als alt und grauhaarig, während andere ihn als eher jung und anmutig charakterisierten. Die Anzahl der Augen des Druiden reichte von eins bis drei. Seine Größe erschien – von menschengroß bis etwa Baumhöhe – in den Erzählungen ebenfalls recht variabel. Auch über den Wald kursierten die dunkelsten Legenden. In einer hatte der Druide den Wald mit all seinen schrecklichen Kreaturen selber geschaffen, um ungebetene Besucher in den Wahnsinn zu treiben. In einer anderen Fassung hatten die Tuatha de Danaan den Wald erschaffen und den Druiden für eine unaussprechliche Missetat dorthin verbannt. Einige Menschen hatten in dem Wald angeblich große behaarte Tiere mit langen Zähnen und riesigen Klauen gesehen. Andere glaubten, dass dort Einhörner lebten und berichteten von der farbenfrohen Vogelwelt. Manchmal waren die Vögel grün. Manchmal waren sie blau. Oft waren sie gold und noch öfter waren sie all das zusammen. Es sollte dort auch Giftpilze geben und verführerisch aussehende, aber blind machende Blumen sowie Bäume, die sich bewegen konnten und mit ihren knochigen Wurzeln Menschen fingen und dann verschlangen. Allerdings waren die menschenfressenden Bäume in den Geschichten etwas unpopulär, da sie selbst auf leichtgläubiges Volk zu unglaubwürdig wirkten. Kurzum die Berühmtheit des Druiden und des Waldes Garrán Dubh gedieh durch die Kreativität der Menschen und dadurch, dass eigentlich niemand irgendetwas wusste.

Als Finn, Ríoghnach, Oisín, Diarmuid und Cáilte am Mittag des dritten Tages ihres Marsches am Rande des Garrán Dubh ankamen, stellten sie – für intelligente Menschen vielleicht nicht überraschend – fest, dass der Garrán Dubh nicht wirklich anders aussah als andere Wälder auch. Aber das konnte natürlich auch Tarnung sein und der nächste menschfressende Baum wartete schon auf ein unvorsichtiges Mittagessen. Während die Fünf vor dem Garrán Dubh standen, gaben sie ein seltsames Bild ab: Finn in der traditionellen

Kleidung eines Mitglieds der Fianna, dunkler Inar und Truis, Ríoghnach in ihrem extravaganten blauen Léine, Diarmuid und Cáilte trugen immer noch ihre kunstvoll gearbeiteten Brats und Oisín etwas, was kaum den Namen Kleidung verdient hatte. Einem eventuellen Betrachter war sofort klar, das diese Fünf eigentlich nicht zusammen gehörten. Der Fianna-Anführer, die Firbolg-Prinzessin, die beiden Männer der Oberschicht und der rätselhafte Einzelgänger. Was war es, dass sie verband?

Finn und die anderen betrachteten den Wald genauer. Das einzige, was an dem Garrán Dubh auf den ersten Blick merkwürdig erschien, war dass er sich auf einer Erhebung befand, um die rundherum nichts wuchs. Es sah so aus, als ob jemand den Wald absichtlich in dieser Form dorthin gepflanzt hatte. Er wirkte wie ein Fremdkörper in der umliegenden Landschaft und diese beunruhigende Widernatürlichkeit hatte eine bedrohliche Wirkung auf jeden, der den Wald erblickte.

„Das ist er also. Garrán Dubh", stellte Finn nüchtern fest.

„Hatte ich mir spektakulärer vorgestellt", meinte Oisín gleichgültig.

„Ja, ich auch", bestätigte Cáilte, der sich von dem Wald unbeeindruckt zeigen wollte, da sein Ziehbruder das schon vor ihm getan hatte.

„Was meinst du, Diarmuid?" fragte Finn.

„Ich weiß nicht. Man kann noch nicht viel erkennen. Es sieht sehr dunkel in dem Wald aus", antwortete dieser zögernd.

Die einzige, die sich nicht äußerte und auch nicht gefragt wurde, war Ríoghnach. Allgemein legten die Männer der Gaeil nicht besonders viel Wert auf das Urteil ihrer Frauen. Allerdings war Ríoghnach eine Firbolg. Aber im Moment gab sich Ríoghnach mit der Rolle der schwachen Frau zufrieden, da sie tatsächliche große Angst hatte, durch diesen Wald zu gehen.

Die fünf Reisenden gingen weiter auf den Wald zu. Sie mussten nun doch zugeben, dass an diesem Wald irgendetwas nicht stimmte. Er war zweifellos dichter gewachsen und dunkler als andere Wälder. Aber das war nicht das einzig Auffällige an ihm. Von dem Wald ging eine eigenartige Beklemmung aus. Ein innerer Instinkt rief den Reisenden zu, den Wald nicht zu betreten. Ohne offensichtlichen Grund, hatte das Unbehagen ausnahmslos jeden der Reisenden ergriffen. Alle fünf spürten, wie ihre Herzen schneller schlugen. Ein Kribbeln breite sich in ihrem Inneren aus.

Nur ein einziger schmaler Pfad führte in der Mitte durch den Garrán Dubh. Blätter, Äste und Gestrüpp versperrten jede andere Möglichkeit in den Wald einzudringen. Finn verspürte die Beklemmung ebenso wie seine Freunde, doch da er wusste, dass sie von ihm erwarteten, die Führung zu übernehmen, straffte er die Schultern und betrat den Wald. Ein Schaudern erfasste Finn, als er in die schattige Dämmerung trat, aber er konnte es sich nicht leisten vor den anderen seine Angst zu zeigen. Diarmuid, Cáilte und Oisín waren mit Sicherheit davon überzeugt, dass ein Mitglied der Fianna niemals Angst hatte. Aber da irrten sie sich gewaltig. Als die Fianna damals zur Verteidigung Érius nach An Trá Bhán gerufen wurden, hatten auch die mutigsten Kämpfer der Fianna – Finn selbst eingeschlossen – Angst gehabt. Und wie hätte es auch anders sein können? Ihre Gegner waren damals zahlenmäßig weit überlegen gewesen.

„Finn, bist du sicher, dass das der richtige Weg ist?", fragte Oisín zweifelnd.

„Siehst du hier noch einen anderen?", entgegnete Finn.

Oisín, Diarmuid und Cáilte folgten Finn scheinbar unerschrocken.

„Ríoghnach?", rief Finn auffordernd.

Nun trat auch Ríoghnach in den Wald. Am liebsten hätte sie sich an Finn geklammert oder zumindest seine Hand genommen. Doch sie wusste genau, dass die anderen, die es ohnehin für keine gute Idee gehalten hatten, eine Frau mitzunehmen, das als Schwäche auslegt hätten. Und das war etwas, was Ríoghnach eigentlich nicht wollte: Schwäche zeigen.

„Irgendetwas ist hier merkwürdig", gab Oisín zu.

„Glaubst du, dass der Druide einer der Tuatha de Danaan ist?", fragte Diarmuid, der versuchte gelassen zu klingen.

„Ich weiß nicht. Jedenfalls hat Oisín Recht, irgendetwas hier ist seltsam," entgegnete Finn, während er versuchte, in den umliegenden Schatten irgendetwas zu erkennen.

„Seit der Schlacht von An Trá Bhán hat niemand jemals mehr einen der Tuatha de Danaan gesehen. Und das ist jetzt 25 Zyklen her", bemerkte Oisín.

„26 um genau zu sein", korrigierte Finn.

„Du bist damals dabei gewesen, nicht wahr?", fragte Cáilte, in dessen Stimme eine gewisse Bewunderung mitklang.

„Ja, aber ich habe kaum noch Erinnerungen an diese Zeit. Ich weiß nur, dass es schrecklich war und dass viele mutige Männer ihr Leben in dieser Schlacht ließen."

Finn versuchte seinen drei jungen Begleitern, die Illusionen zu nehmen. Er wusste, dass sie mutige Kämpfer waren und dass sie so manchen Zweikampf bestritten hatten, aber in einer Schlacht waren sie nie gewesen.

„Aber letzten Endes hat unsere Seite bei der Schlacht von An Trá Bhán den Sieg davon getragen", erinnerte Diarmuid ermutigend.

„Ja, so ist es gewesen und ich bin zuversichtlich, dass wir das auch diesmal schaffen", sagte Finn. In Wahrheit hatte er Zweifel, dass es wirklich so sein würde. Finn machte sich um seine jungen Gefolgsleute Sorgen. Sie waren zu enthusiastisch und schienen nicht zu verstehen, dass sie möglicherweise nicht erfolgreich sein würden. Sie kannten die Geschichten der Fianna und glaubten, dass sich alles so abspielen würde wie in diesen Erzählungen. Doch das Leben war keine Heldensage. Das Leben war hart und selten bekam man das, was man sich erhoffte. Finn fühlte sich für die anderen verantwortlich. Cáilte und Diarmuid waren immerhin die Söhne von Ronan und Conn, die selbst bei der Schlacht von Gabhra noch zu ihm gestanden hatten. Und was Oisín anging: Oisín erinnerte ihn an sich selbst, als er jung gewesen war.

Die Reisenden folgten dem Pfad tiefer in den Wald. Hoch über ihnen formten die Baumkronen ein dichtes Dach, durch das nur wenig Sonnenlicht drang. Sie konnten kaum sehen, wohin sie gingen. Das Ziel des Weges, sollte es eines geben, lag in Dunkelheit. Das Licht, das den Eingang markierte, wurde mit jedem Schritt kleiner und kleiner, bis es schließlich ganz verschwand. Nun lag vor und hinter ihnen nichts als dämmriges Zwielicht. Neben der Tatsache, dass der Wald erstaunlich dicht gewachsen war, erschien hier noch etwas merkwürdig: Im Garrán Dubh herrschte absolute Stille. Kein Tierlaut war zu hören, kein Blätterrascheln, gar nichts. Es war als hätte die Natur den Atem angehalten und traute sich nicht einen Laut von sich zu geben. Das einzige, was diese Stille störte, waren die Schritte der Reisenden. Das abgestorbene Laub knisterte unter ihren Füßen. Das war alles. Die Reisenden verloren kein einziges Wort. So als ob auch sie das, was auch immer hier schlief, nicht aufwecken wollten.

Die Stille zerrte an ihren angespannten Nerven und rief ein dumpfes Gefühl von Taubheit hervor. Die drückende Beklemmung steigerte sich ins Unermessliche, bis sich schließlich die aufkommende Panik kaum noch unterdrücken ließ. Die Reisenden fühlten einen Hauch von Kälte. Bewegte sich in den Schatten der Bäume etwas? Oisín hätte schwören können, dass er für den Bruchteil eines Augenblick etwas durch die Bäume hatte huschen sehen. Er hatte ein ganz leises, tiefes Geräusch in den Ohren. Aber Oisín war nicht der einzige, der sich beobachtet fühlte. Diarmuid, der als letzter hinter den anderen herging, hatte sich ein paar mal nach hinten umgedreht. Er hatte das sichere Gefühl, verfolgt zu werden. Doch es war niemand da. Ríoghnach glaubte einmal, jemand würde sie festhalten, doch als sich umdrehte, war niemand da. Cáilte folgt ihr in etwa drei Metern Entfernung. Zu weit weg um sich einen bösen Spaß erlaubt zu haben. Finn hatte ein ungutes Gefühl in der Magengegend. Er spürte ein leichtes Vibrieren. Allen war klar, dass ihre Angst keine rationale Ursache hatte, trotzdem ließ sie sich einfach nicht abstellen.

Nach einem endlos erscheinenden Marsch erkannten die Reisenden in der Ferne ein Licht. Der schmale Weg führte genau darauf zu. Als sie sich dem Licht näherten, teilte es sich und wurde zu zwei hellen Punkten. Die Lichter schienen über dem Boden zu schweben. Nein, sie waren auf zwei Stäben, die aus dem Boden ragten, aufgespießt: Zwei Fackeln! Zwischen den beiden Fackeln bewegte sich etwas: Eine dunkle Gestalt - hoffentlich ein Mensch. Hinter den Fackeln erhob sich eine glatte ebene Fläche in die Höhe.

„Sieht so aus, als hätten wir unser Ziel erreicht", sagte Finn leise zu den anderen. Er gab ihnen zu verstehen, dass sie stehen bleiben und in Deckung gehen sollten. Ríoghnach fing beim Anblick der dunklen Gestalt an zu zittern. Die anderen wirkten zumindest nach außen hin unerschrocken und umfassten die Griffe ihrer Schwerter fest. Finn ging ein paar Schritte auf die Gestalt zu.

„Seid gegrüßt. Mein Name ist ...", begann er und wurde von der Gestalt barsch unterbrochen.

„Ihr dürft nicht passieren!"

Die Stimme der Gestalt klang furchteinflößend. Ihr Gesicht war nicht zu erkennen, da sie eine Kapuze trug, die tief über ihr Gesicht gezogen war.

„Wir müssen mit dem Druiden sprechen", erklärte Finn.

Ohne ein weiteres Wort zu sagen, zog die dunkle Gestalt ihr Schwert. Ríoghnach schrie leise auf und ein unbekannter Impuls ließ sie nach Oisíns Hand greifen. Dieser schaute sie nur verwundert an, so dass Ríoghnach seine Hand wieder los ließ.

„Ich bin Finn, des Königs Sohn", erklärte dieser weiter.

„Der König ist tot. Genauso wie sein Sohn. Finn fiel bei der Schlacht von Gabhra", warf die Gestalt gereizt ein.

Der Unbekannte kam mit drohend erhobenem Schwert auf Finn zu. Er schlug auf ihn ein, noch bevor dieser sein Schwert ziehen konnte. Finn machte einen Schritt zur Seite, zog blitzschnell sein Schwert und ließ den

Angreifer ins Leere laufen. Nun standen sich Finn und der Unbekannte gegenüber. Finn betrachtete ihn genau. Zweifellos war er kleiner als er selbst und wahrscheinlich war er auch weniger kräftig. Aber über die Statur des Angreifers konnte sich Finn in der Dunkelheit kein genaues Bild machen.

Finn entschied, dass er den nächsten Schlag ausführen sollte, um dem Ganzen ein schnelles und möglichst unblutiges Ende zu setzen. Den Druiden von Garrán Dubh würde es nur verärgern, wenn er seinen Wächter verletzte oder gar tötete. Doch als Finn seinen ersten Schlag ausführen wollte, parierte der Angreifer blitzschnell und holte sofort zum Gegenschlag aus. Finn wich aus. So einfach, wie er es sich vorgestellt hatte, würde es wohl nicht werden.

Ríoghnach fühlte, wie mit jedem Schlag der Boden unter ihren Füßen bebte und hatte Angst. Sie spürt eine Hand auf ihrer Schulter.

„Er kann nicht verlieren. Er hat doch das Schwert der Tuatha de Danaan, das er bei der Schlacht von An Trá Bhán von ihnen bekommen hat", hörte Ríoghnach Oisín sagen.

Ja, warum sollte Finn auch etwas zustoßen, dachte Ríoghnach, immerhin er der beste Schwertkämpfer Érius. Es war vollkommen unnötig sich Sorgen zu machen. Diarmuid und Cáilte betrachteten unterdessen den Kampf aus sicherer Distanz, denn nur so war ein Kampf auch faszinierend. Stand man selber einem geschickten und gut bewaffneten Kämpfer gegenüber, war jede Faszination und Glorifizierung dahin. Dann zählte nur noch das Überleben. Aber das war eine Lektion, die Cáilte und Diamiud noch nicht gelernt hatten und so starrten die beiden, wie vom Rausch besessen, auf das schnelle und tödliche Spiel der Klingen.

Finn beschloss den Angreifer, der zweifellos gut war, kommen zu lassen, um ihn besser studieren zu können. Aber auch der Angreifer wartete nun ab. Finn hatte erwartet, dass sich der Unbekannte, der den ersten Schlagabtausch klar gewonnen hatte, sich nun zu einem riskanten Manöver hinreißen lassen würde. Doch dem war nicht so. Der Unbekannte kämpfte nicht nur gut, sondern auch emotionslos. So einen Kämpfer hätte Finn lieber auf seiner Seite gehabt als gegen sich. Schließlich griff Finn wieder an und der Unbekannte parierte wieder so schnell, dass es fast unheimlich war. Finn konnte gerade noch ausweichen. Aber trotz dieser Schnelligkeit musste der Angreifer eine Schwachstelle haben. Jeder Schwertkämpfer hatte eine, dachte Finn. Er musste sie nur finden. Da der Angreifer weiter abwartete, holte Finn erneut zum Angriff aus. Mit einem lauten Scheppern traf Finn mit seinem Schwert auf der Klinge des Unbekannten auf. Dieser musste einen Schritt zur Seite machen, sonst hätte er das Schwert verloren. Endlich hatte Finn den Angreifer in der Defensive. Doch als Finn den nächsten Schlag ausführen wollte, griff dieser ebenfalls an und zwang Finns Schwert nach unten. Um den Schlag abzuwehren ging Finn in die Knie, doch ein zweiter nachgelegter Schlag des Angreifers traf den Griff von Finns Schwert. Er musste es fallen lassen und fiel selbst auf die Knie. Der Unbekannte hielt Finn sein Schwert an die Kehle. Er hatte verloren. Ein tragisches und unspektakuläres Ende eines gezeichneten Helden. Ríoghnach schloss entsetzt ihre Augen. Die anderen waren wie gelähmt. Das war unmöglich! Finn, der beste Schwertkämpfer Érius, besiegt von einem unbekannten Mann irgendwo im Nirgendwo Connachts.

„Eins muss man dir lassen, du hast Mut. Aber wird das reichen um deine Aufgabe zu erfüllen, Finn, Sohn von Cumhal?", sagte die Gestalt, zog ihr Schwert langsam wieder zurück und trat einen Schritt beiseite, um Finn die Möglichkeit zu geben, aufzustehen.

„Es muss reichen, denn mehr besitze ich nicht", sagte Finn ehrlich. Er überlegte, wann er das letzte Mal einen Schwertkampf verloren hatte und erinnerte sich an einen Kampf mit Goll, Sohn von Morna. Wie alt war er damals gewesen? 17 Zyklen vielleicht. Es war eine halbe Ewigkeit her. Er wurde damals noch ausgebildet und Goll richtete ihn übel zu. Schlimmer als die Wunden war damals die Demütigung gewesen. Finn hatte sich gegen den fünf Zyklen älteren Goll Chancen ausgerechnet. Jung und töricht wie er damals war, hatte er Goll vollkommen unterschätzt. Und jetzt wurde er langsam alt. Gegen Oisín hatte er bereits nicht besonders gut ausgesehen und jetzt diese bittere Niederlage gegen einen völlig Unbekannten. Finn fühlte sich schrecklich.

Ríoghnach öffnete ihre Augen wieder. Tränen der Erleichterung liefen ihr über die Wangen. Ríoghnach spürte Oisíns Hand nicht mehr auf ihrer Schulter. Als sie sich zu ihm umblickte, stellte sie fest, dass er ein ganzes Stück von ihr entfernt stand. Ríoghnach war sich plötzlich nicht mehr sicher, ob Oisín wirklich seine Hand auf ihrer Schulter gehabt und ob er die beruhigenden Worte tatsächlich gesprochen hatte oder hatte sie sich diese Berührung nur eingebildet – sich gar gewünscht?

Die Gestalt nahm ihre Kapuze ab und die Reisenden erkannten erstaunt, dass es sich bei der furchteinflößenden Person in Wirklichkeit um eine schöne junge Frau mit langen schwarzen Haaren handelte, soweit man das in dem Halbdunkeln beurteilen konnte.

„Ich bin Laoise", sagte die Frau, deren Stimme nun nichts Furcherregendes mehr an sich hatte, auch wenn immer noch etwas Gebieterisches in ihr mitklang „Es tut mir Leid, wenn mein Empfang nicht herzlich war, aber ich musste feststellen, ob du der bist, für den du dich ausgibst. Du bist also der legendäre Finn. Der beste Schwertkämpfer Érius. Niemand kämpft wie du", erklärte Laoise, die damit mehr Fragen aufwarf, als dass sie Antworten gab. Die Reisenden schauten Laoise verwirrt an.

„Trotzdem konntet Ihr mich schlagen", wandte Finn beschämt ein.

„Sagen wir, meine Mittel waren nicht vollkommen fair. Manchmal sehe ich Dinge, bevor sie passieren. Ich habe gesehen, was du als nächstes tun wirst und da bin ich dir zuvor gekommen. Es war mehr oder weniger reines Glück", sagte Laoise.

„Ihr könnt in die Zukunft sehen?", fragte Finn interessiert und fand seine Niederlage nun etwas weniger schmählich.

„Ja, manchmal."

Obwohl Finn sich von der Niederlage gedemütigt fühlte, verspürte er dennoch keine Wut auf Laoise. Im Gegenteil, sie übte eine geheimnisvolle Faszination auf ihn aus und er fühlte sich irgendwie zu ihr hingezogen. Finn schaute sie so eindringlich an, dass Ríoghnach es nicht verborgen blieb. Laoise blickte Finn an und ließ dann ihre Augen über seine Gefolgsleute wandern. Ihr Blick fiel schließlich auf Oisín. In dem Moment, als sich ihre Augen trafen, konnte Laoise bis auf den Grund seines Wesens blicken und verstehen, was Oisín selbst verborgen blieb. Oisín spürte das und es gefiel ihm nicht. Es versetzte ihm einen unsichtbaren Schlag und er hatte das Gefühl, er müsste daran ersticken.

„Ich werde Euch zu dem Druiden bringen. Aber Ihr solltet Euch nicht allzu viel davon versprechen. Meistens ist er betrunken und wenn er es nicht ist, ist er noch weniger erträglich", sagte Laoise, während ihre Augen immer noch auf Oisín gerichtet waren. Laoises zwingendem Blick konnte er sich nicht entziehen und erst als sie ihre Augen wieder abwandte, gelang es ihm wieder frei zu atmen. Laoise nahm eine der Fackel aus dem Boden. Als sie sich umdrehte und auf die dunkle Wand hinter sich zuschritt, erkannten die Reisenden im Licht ihrer Fackel, dass es sich bei dem Hindernis um eine mannshohe, dichtgewachsene Hecke handelte, deren Dornen abweisend nach außen ragten. Kein Tor, kein Durchlass gab einen Blick auf das Dahinterliegende frei. Laoise schien sie geradewegs in eine Sackgasse zu führen.

„Devíte!", sagte Laoise und die Pflanzen teilten sich wie von Geisterhand. Hinter der Hecke befand sich ein helles warmes Licht, in das Laoise ohne Zögern eintrat und verschwand. Die fünf Reisenden stiegen ihr vorsichtig und benommen hinterher. Zuerst konnten Finn und die anderen fast nichts erkennen, geblendet nach der stundenlangen Dämmerung des Waldes. Mühsam gegen das plötzliche Tageslicht anblinzelnd, begriffen die Reisenden, dass Laoise sie auf eine Lichtung inmitten des Garrán Dubh geführt hatte. Nach dem Stand der Sonne zu urteilen, waren nur wenige Stunden vergangen, obwohl der Marsch durch den Wald den Reisenden endlos vorgekommen war. In der Mitte der freien Fläche befand sich ein einfaches kleines Haus, das durch keine Mauer oder Wall geschützt war. Rings um die Reisenden herum befand sich der Garrán Dubh. Kreisrund schien der Ausschnitt zu sein, in dem sie sich befanden.

„Ihr arbeitet also für den Druiden?", fragte Finn unbeeindruckt von der lebendigen Mauer und dem grellen Licht, das zwar natürlichen Ursprungs, aber nichtsdestotrotz schmerzhaft für die Augen war. Finn war der Überzeugung, dass hier alles beeindruckender erscheinen sollte, als es eigentlich war – mit Ausnahme von Laoise natürlich.

„In gewisser Weise ja. Ich bin seine Tochter", entgegnete Laoise.

Bei den Reisenden herrschte allgemeine Verwirrung – gerade als sie gedacht hatten, sie könnte nun nichts mehr schocken. Sie befiel Angst beim Gedanken daran, dass Laoise möglicherweise eine der Tuatha de Danaan sein könnte. Den Frauen der Tuatha de Danaan wurde eine hohe Verführungsgabe nachgesagt. So manch ein Sterblicher hatte sich in eine der Tuatha de Danaan Frauen verliebt und war damit in sein Verderben gelaufen. Ríoghnach beäugte Laoise argwöhnisch.

„Ich wusste nicht, dass Druiden Kinder haben", sagte sie misstrauisch.

„Für gewöhnlich haben sie das auch nicht. Mein Vater ist eben eine Ausnahme. Er lebt schon seit Jahren in diesem Wald. Er schert sich nicht, was um ihn herum geschieht. Es ist ihm egal, dass Connacht vor die Hunde geht und ganz Ériu dazu. Er hat aufgegeben daran zu glauben, dass er etwas ändern könnte", sagte Laoise, während sie auf das Haus in der Mitte des Feldes zuging.

Beim Näherkommen erkannten die Reisenden, dass das Haus nicht gerade einladend aussah. An den Wänden fehlten einige Bretter und das Dach war ebenfalls beschädigt. Im Inneren des Hauses war es dunkel. Die Reisenden wussten nicht so recht, was sie davon zu halten hatten. Sie waren sich zwar nicht sicher, was sie erwartet hatten, aber sicherlich kein altes verkommenes Haus. Nach der wundersamen Hecke und dem plötzlich hell scheinenden Sonnenlicht hatten die Reisenden schon etwas mehr erwartet. Nun, dies minderte wenigstens die Befürchtung, dass Laoise eine der Tuatha de Danaan war. Welche Tuatha de Danaan Frau hätte sich dazu herabgelassen in einem schäbigen alten Haus zu wohnen?

„Enttäuscht? Leider können wir mit einem Tuatha de Danaan Schloss in den Wolken nicht dienen. Könnte damit zusammen hängen, dass wir auch nur normal sterbliche Wesen sind wie ihr. Oder zumindest wie die meisten von euch", sagte Laoise, als hätte sie die Gedanken der Reisenden gelesen.

„Und die Hecke?", fragte Diarmuid unvorsichtiger Weise.

„Die Hecke? Die hält die Nachbarn fern. Das ist ein ganz einfacher Trick. Selbst du könnest das lernen", erklärte Laoise.

Sie standen vor der Tür des Hauses.

„Vielleicht ist es besser, wenn ich zuerst mit ihm rede. Er ist ein wenig misstrauisch Fremden gegenüber", meinte Laoise. Sie verschwand in dem Haus und ließ die anderen wartend zurück.

„Mir gefällt die Sache nicht", sagte Oisín beunruhigt, sobald Laoise außer Sichtweite war.

„Ja, woher sollen wir wissen, ob wir ihr trauen können. Das könnte genauso gut eine Falle sein", meinte Cáilte, seinem Ziehbruder beipflichtend.

„Wir haben nicht viel zu verlieren. Wir werden hier einfach etwas warten", sagte Finn, der als Einziger durch den Gedanken, Laoise könnte eine der Tuatha de Danaan sein, nicht verschreckt worden war – und das aus mehr als nur einem Grund.

Nach einer Weile trat Laoise zusammen mit dem Druiden aus dem Haus. Der Druide schien sehr alt und von einem harten Leben gezeichnet zu sein. Er trug einen alten verschlissenen Inar und musste sich auf einen Stock stützen. Er sah so aus, als hätte er mindestens hundert Zyklen gesehen. Wenn man Laoise und den Druiden zusammen betrachtete, so wäre man kaum auf die Idee gekommen, dass der alte Mann der Vater dieser wunderschönen Frau war. Überhaupt schien Laoise nicht so ganz hierher zu passen. Ihre Anmut gepaart mit einem Stolz der schon fast an Arroganz grenzte, ließen eher vermuten, dass sie an einen Königshof gehörte und nicht in ein verdrecktes Haus im Wald, auch wenn das Haus eine recht beeindruckende Hecke besaß.

„Auf dem Grund des Meeres gibt es etwas, dass Euch helfen kann. Loinnir Síorai, das ewige Licht. Es wird Euch den Weg weisen. Mehr kann ich Euch nicht sagen. Findet das Licht und es wird Euch den Weg weisen", krächzte der Druide, der mit diesen Worten wieder in seinem vergammelten Haus verschwand. Alles geschah blitzschnell. Seine Betrachter wunderten sich fast, ob er jemals da gewesen war, oder ob sie sich das gerade eben nur eingebildet hatten.

„War das alles? Was sollen wir denn mit diesem Licht anfangen?", fragte Oisín verwirrt.

„Sagt nicht, dass ich Euch nicht gewarnt habe", erinnerte Laoise die Reisenden an ihre Worte.

„Das Licht auf dem Grunde des Meeres. Was soll das überhaupt bedeuten?", wunderte sich Cáilte.

„Ich weiß, was es bedeutet. Der Herrscher des Königreichs Tír fa Tonn besitzt solch ein Licht", sagte Finn und blickte Laoise wieder an.

„Schade nur, dass Ihr nicht ins Königreich Tír fa Tonn zurückkehren könnt. Der König würde Euch sicherlich lebendig verbrennen lassen für das, was ihr ihm angetan habt", sagte Laoise, ihre Fähigkeiten zur Schau stellend.

„Woher weißt du das?", fragte Ríoghnach überrascht.

„Ich weiß es eben. Ich bin die Tochter eines Druiden. Und du Ríoghnach, Prinzessin des Königreiches Tír fa Tonn, bist auch kein ganz normal sterbliches Wesen", entgegnete Laoise gelassen.

Finn schien von Laoise Kenntnissen über ihn und Ríoghnach nicht überrascht zu sein. Auch fühlte er sich von Laoise nicht bedroht. Er sah sie einfach nur schweigend an. Die anderen waren jedoch von den neuen Informationen mehr als geschockt – sie hatten Angst. Konnte Laoise ihre Gedanken lesen? Ihre innersten Geheimnisse und Ängste erkennen? Sie waren nicht darauf gefasst gewesen, dass ihre Fähigkeiten so weit reichten. Laoise kannte Ríoghnachs Namen und ihre Herkunft. Was konnte sie noch alles sehen? Einige der Gaeil hatten auch hellseherische Fähigkeiten. Aber noch nie hatten Oisín, Cáilte oder Diarmuid diese Fähigkeit bei einer Person so ausgeprägt erlebt. Und dies führte die drei wieder zu der beunruhigenden Frage: War Laoise eine der Tuatha de Danaan? Dies war eine Frage, die vor allem Oisín beunruhigte, warum wusste er selber nicht, aber er war sich sicher, dass manche Dinge besser verborgen blieben – vor allem vor Laoise.

„Dann werde ich ins Königreich Tír fa Tonn gehen", sagte er schließlich.

„Das ist ein mutiger Vorschlag", meinte Finn anerkennend.

„Davon rate ich ab. Lasst mich mit Euch kommen und ich werde mit dem Herrscher des Königreichs Tír fa Tonn verhandeln", schlug Laoise vor.

„Warum sollte er mit einer Frau verhandeln?", fragte Oisín herablassend.

„Warum sollte er mit dir verhandeln?", konterte Laoise mindestens ebenso herablassend.

Die goldenen Fibeln, die Laoises dunklen Inar vorne zusammenhielten, blitzten in der Sonne und ließen den bodenständigen Oisín unbeeindruckt.

Zwischen Oisín und Laoise herrschte von sofort eine gewisse Abneigung, von der lange niemand der anderen wissen sollte, wo sie herrührte. Zwischen den beiden schien etwas aufeinander zu treffen, das einfach nicht zusammen gehörte. Wie Feuer und Wasser. Beide fühlten sich von dem jeweils anderen bedroht. Oisín spürte, dass Laoise Antworten auf sein Geheimnis kannte, von dem er selber noch nicht einmal vermuten konnte, worin es überhaupt bestand. Das machte ihm Angst. Laoise auf der anderen Seite fühlte, dass Oisín noch zu einem Problem für sie werden würde. Denn ihn konnte sie nicht täuschen. Er erkannte, was sie eigentlich war.

„So kommen wir nicht weiter. Ich halte es für einen guten Vorschlag, Laoise mit dem Herrscher des Königreich Tír fa Tonn reden zu lassen. Ihre besonderen Fähigkeiten können uns bestimmt nützlich sein. Laoise, du bist in unserem Bunde willkommen", verkündete Finn.

Ríoghnach warf Finn einen Blick zu, der ihm sagte, dass sie damit in keiner Weise einverstanden war. Auch die anderen, allen voran Oisín, waren von Finns Entscheidung nicht begeistert, sie wagten es aber nicht ihren Führer zu kritisieren.

„Danke. Auch ich bin ein Kind dieses Königreiches und werde mein möglichstes tun, um es wieder zu dem zu machen, was es einmal war", sagte Laoise, der die Abneigung der anderen natürlich nicht entgangen war.

„Um zum Königreich Tír fa Tonn zu kommen, müssen wir zur nördlichen Küste Érius gelangen. Das heißt, wir müssen das Königreich Ulaidh komplett durchqueren", erklärte Finn, der eine Karte von Ériu aus seiner Gürteltasche hervorholte.

„Zuerst werden wir aber zurück nach Cruachan Aí gehen, um uns mit Zelten und Vorräten zu versorgen. Ich habe das Gefühl, dass das noch eine lange Reise werden wird."

„Worauf warten wir dann noch? Gehen wir", sagte Diarmuid entschlossen.

Ohne ihrem Vater Lebewohl zu sagen, zog Laoise mit den Reisenden los. Oisín und Cáilte blieben ein wenig zurück, um ihrem Ärger Luft zu machen.

„Wenn es nach mir ginge, dann wäre sie nicht willkommen", brach es aus Oisín heraus.

„Das sehe ich auch so. Frauen bringen Unglück. Eine war eigentlich schon zu viel und jetzt haben wir noch eine. Ich weiß nicht, wo uns das hinführen soll", sagte Cáilte verärgert.

„Denkst du, dass sie eine der Tuatha de Danaan ist?", fragte Oisín nachdenklich.

„Dafür ist sie doch gar nicht hübsch genug", entgegnete Cáilte herablassend.

„Ich weiß nicht. Finn hat sie jedenfalls in ihren Bann gezogen", stellte Oisín richtigerweise fest.

3. Cruachan Aí

Nach einem Marsch von zwei Tagen erreichten die Reisenden Cruachan Aí, die Hauptstadt von Connacht. Vor vier Tagen waren Finn, Ríoghnach, Diarmuid, Cáilte und Oisín losgezogen. Die Bewohner von Cruachan Aí hatten nicht viel Vertrauen in ihr Unterfangen, den Druiden von Garrán Dubh aufzusuchen, gesetzt. Wobei es die meisten nicht einmal interessiert hatte. Jetzt waren sie zurück und in den Häusern von Cruachan Aí regte sich wenn schon keine Hoffnung, dann zumindest Neugier. Waren Finn und seine Männer tatsächlich im Garrán Dubh gewesen? Hatten sie mit dem Druiden gesprochen? Wer war die zweite Frau, die die Männer nun begleitete? Einige Menschen standen in den Türen ihrer Häuser, in denen wärmende Feuer brannten. Es war zu kalt für diese Jahreszeit, doch niemand bat Finn und die anderen herein.

Die Reisenden schritten die menschenleere Hauptstraße entlang. Es regnete in Strömen. Cruachan Aí hatte jeglichen Glanz verloren, den es einst besessen hatte. In der Burg von Cruachan Aí, die ziemlich heruntergekommen war, lebte der Verwalter von Connacht mit seinem Sohn. Finn kannte den Verwalter von früher. Sie hatten keine enge Freundschaft gepflegt, hatten sich aber immer respektiert. Nach der Schlacht von Gabhra und nachdem Finns Vater gestorben war, war niemand mehr übrig geblieben, der den Thron Connachts hätte beanspruchen können. Der Rat von Cruachan Aí entschied schließlich einen Verwalter einzusetzen, der die Aufgaben wahrnehmen sollte, die sonst vom König von Connacht erfüllt wurden. Lange beriet man darüber, wer zum Verwalter erklärt werden sollte. Schließlich fiel die Wahl auf Donn, der in der Fianna gedient hatte. Dem Hochkönig Érius gefiel diese Ernennung gar nicht. Denn immerhin war die Fianna für den Tod seines Vaters verantwortlich, der in der Schlacht von Gabhra gefallen war. Einige behaupten, dass das auch der Grund war, weshalb der Hochkönig Connacht im Kampf gegen die schwarzen Reiter keine Hilfe leistete. Connacht wollte unbedingt seinen Kopf durchsetzen. Jetzt sollte es dafür leiden. Einige Bewohner Connachts hielten Donns Ernennung deshalb im Nachhinein für einen Fehler. Der Verwalter hatte also eine ziemlich undankbare Aufgabe. Donn hegte aber als einer der wenigen keinen Groll auf Finn. Er war der einzige gewesen, der Finn nach seiner Rückkehr aus dem Königreich Tír Fa Tonn freudig begrüßt hatte. Im Grunde wäre es Donn sehr recht gewesen, wenn Finn den Thron für sich beansprucht hätte. Dann hätte er endlich aus Cruachan Aí verschwinden können.

Immer noch begleitet von neugierigen, aber verborgenen Blicken, folgten die sechs dem Weg hinauf zur Burg von Cruachan Aí. Der Turm der Burg thronte eher bedrohlich als majestätisch über der Stadt. Die Burg konnte man nur durch diesen Turm betreten. Durch ihn gelangte man in die drei Flügel der Burg. Im Ostflügel befand sich der öffentliche Teil. Hier lag die große Bankethalle, in der die wichtigen Feste gefeiert wurden und offizielle Empfänge stattfanden. Auch der Rat von Cruachan Aí tagte hier. Im Nordflügel der Burg waren die Quartiere der Bediensteten. Hier lag unter anderem auch die Küche, durch die man das Tunnelgeflecht unter Cruachan Aí erreichen konnte. Zur Blütezeit von Cruachan Aí unter Königin Medb lagerten hier allerhand Köstlichkeiten, vom eingelegtem Obst über Ale bis zum Schinken. Glaubte man den alten Legenden, dann befand sich hier irgendwo auch ein Durchgang zum Reich der Tuatha de Danaan, das sie nach der verlorenen Schlacht von Tailtiu bezogen hatten. Viele hatten nach dem Durchgang gesucht, doch niemand hatte ihn gefunden. Wahrscheinlich war es nur eine alte, dumme Geschichte. Im Westflügel befanden sich dann schließlich die Privaträume der Königsfamilie, die Besucher normalerweise nicht zu Gesicht bekamen.

Finn klopfte an das Tor der Burg.

„Donn? Ich bin es, Finn."

Schon nach kurzer Zeit öffnete sich das Tor langsam.

„Kommt herein. Eigentlich hatte ich euch früher zurück erwartet. Zum Glück war ich gerade in der Nähe, sonst hätte ich euch nicht gehört. Hier lebt außer mir und meinem Sohn niemand mehr", sagte Donn.

Langsam betraten die Reisenden den Turm der Burg. Donn wollte sie nach links führen, doch Finn zögerte

„Gehen wir nicht in den Ostflügel?", fragte Finn.

„Doch natürlich, wenn du es wünscht. Wir haben hier allerdings sehr selten Besucher. Der Rat von Cruachan Aí tagt auch nicht mehr. In der Bankethalle brennt nicht mal mehr ein Feuer", sagte Donn.

„Das macht nichts", meinte Finn.

Donn führte die Reisenden also nach rechts in die Bankethalle. Sie war dunkel und Donn musste erst einmal einige Fenster öffnen, damit die

Reisenden etwas sehen konnten. Und beim Anblick des Inneren der Halle, wünschten sich Finn und die anderen, Donn hätte sie im Dunkeln gelassen. Der große Tisch und die Stühle wirkten nicht ehrwürdig, sondern einfach nur alt. Die Malereien an der Wand waren verblasst, es war staubig und dreckig. Im Grunde wunderte es die Reisenden nicht, dass das alte Gemäuer von innen fast noch schäbiger war als von außen. Trotzdem lief ihnen ein Schauer über den Rücken. Sie blickten sich ein wenig verängstigt in der Bankketthalle um. Ríoghnach und Finn hatten die Burg bereits vor sieben Tagen in ihrem desolaten Zustand gesehen, als sie aus dem Königreich Tír Fa Tonn hier angekommen waren. Doch obwohl die beiden gewusst hatten, was sie hier erwartete, überkam auch sie ein unbehagliches Gefühl. Sie alle spürten, dass die Zeit, in der sie aufgewachsen waren, sich ihrem Ende zuneigte. Die Zukunft lag im Dunkeln und gewiss war nur, dass sie nicht Teil dieser Zukunft sein würden. Die verfallene Burg, die heruntergekommene Stadt, das ganze verfluchte Land. Alles erinnerte sie an ihre eigene Vergänglichkeit. Ériu, wie sie es kannten, würde bald nur noch Geschichte sein. Für folgende Generationen würde ihr Leben nur eine Randnotiz in einem alten und dennoch ungelesenen Buch sein, falls sich überhaupt jemand die Mühe machte ihre Geschichte niederzuschreiben. Dieser Gedanke war mehr als beängstigend. Er war kaum zu ertragen.

„Wenn ihr wollt, dann lasse ich ein Feuer anzünden", sagte Donn schließlich und unterbrach damit ein Schweigen, das allen wie eine Ewigkeit vorgekommen war, obwohl es nur wenige Sekunden gedauert hatte. Doch in diesen wenigen Sekunden war allen etwas klar geworden. Sie würden scheitern, auf die eine oder auf die andere Weise. Ob sie nun erfolgreich sein würden oder nicht. Es änderte nichts an der Tatsache, dass ihre Zeit ablief. Sie hatten es alle gespürt und sie leugneten es alle vor den anderen, aber vor allem vor sich selbst.

„Nein danke. Das ist nicht nötig. So kalt ist es ja gar nicht", antwortete Finn schließlich.

„Ich weiß, dass es hier nicht besonders gastfreundlich aussieht, aber es lohnt sich einfach nicht mehr, hier ein Feuer brennen zu lassen. Wir waren damit beschäftigt die Menschen hier durch den Winter zu bringen", sagte Donn.

„Aber wie organisiert ihr alles ohne den Rat?", fragte Laoise.

„Wenn es nur ums blanke Überleben geht, kommt man auch ohne viel Gerede aus. Jeder hat eben sein Möglichstes gegeben und so haben wir es immerhin in den Frühling geschafft", belehrte Donn Laoise.

„Heute ist Markt in Cruachan Aí. Wir müssen noch Besorgungen machen", sagte Oisín.

„Du hast recht", meinte Cáilte. Er war froh, dass sein Ziehbruder einen Grund gefunden hatte, diesen unheimlichen Ort wieder zu verlassen.

„Wir sollten Finn und Donn alleine lassen. Bestimmt haben sie sich eine Menge zu erzählen", meinte Laoise.

„Ja, das ist eine gute Idee. Wir werden uns dann abends wieder hier treffen. Donn, wenn du nichts dagegen hast, würden wir die Nacht gerne hier verbringen", sagte Finn.

„Was könnte ich dagegen haben. Immerhin gehört die Burg eigentlich deiner Familie", antwortete dieser.

Die anderen traten wieder hinaus in den Regen, den sie jetzt als eine Erleichterung wahrnahmen. Das Wasser auf ihrer Haut gab ihnen das Gefühl, lebendig zu sein. Cáilte, Oisín, Diarmuid und die beiden Frauen machten sich auf den Weg zum Markt. Donn und Finn blieben in der Burg und schauten ihnen nach.

„Sie fürchten sich vor diesem Ort", sagte Donn schließlich.

„Ja, ich weiß. Und sie haben auch Grund dazu. Ériu verrottet, genau wie diese Burg. Ich hatte kein Recht dazu, sie zu diesem Unternehmen zu überreden. Die Schuld, die ich trage, lastet schwer auf meinen Schultern. Ich hätte nicht fortgehen dürfen. Doch die anderen haben nichts damit zu tun."

„Du hast sie nicht überredet. Sie sind freiwillig mit dir gekommen. Es war ihre Entscheidung."

„Mag sein. Aber Ríoghnach hätte ich nicht mitnehmen dürfen. Sie gehört nicht in diese Welt", wendete Finn ein.

„Hast du sie denn überredet mit dir zu kommen?", fragte Donn.

„Nein, eigentlich war es ihr Entschluss. Sie hat sich entschieden, das Königreich Tír Fa Tonn gegen den Willen ihres Vaters zu verlassen. Um ihretwillen wäre ich geblieben, doch sie wollte gehen. Wenig ruhmreich, oder? – Aber wolltest du mir nicht eigentlich deinen Sohn vorstellen? Du hast ihn Éremón nach einem Sohn Míls genannt, nicht wahr?"

„Mein Sohn Éremón weigert sich dich zu sehen. Er sagt, du willst uns aus unserem Heim vertreiben. Dabei würde ich Cruachan Aí lieber heute als morgen verlassen. Ich weiß nicht, warum er so an diesem Ort hängt", meinte Donn.

„Ich möchte es sehen", sagte Finn nach einer Weile.

„Was denn?", fragte Donn.

„Ich möchte Cruachan Aí vom Turm aus sehen", antwortete Finn leise, aber bestimmt.

„Gut. Gehen wir nach oben."

Sie gingen zurück zum Turm und stiegen die lange Wendeltreppe hoch. Die Stufen waren ausgetreten. Der Turm stand in Cruachan Aí schon so lange, dass niemand sich daran erinnern konnte, wann er erbaut worden war. Man sagte, dass er einst Teil eines riesigen Palastes der Tuatha de Danaan gewesen sei. Der Palast war im Krieg gegen die Tuatha de Danaan zerstört worden, so dass neben dem ziemlich verworrenen Tunnelgeflecht unter der Burg eben nur noch dieser Turm stand. Den Rest der Burg hatten die Gaeil selber errichtet.

„Du hast uns also tatsächlich für eine blonde Firbolg Prinzessin vergessen", bemerkte Donn, während die beiden den Turm hochstiegen.

„Ich hatte keine Ahnung, dass die Zeit im Königreich Tír Fa Tonn so viel langsamer verrinnt. Wenn ich das gewusste hätte, wäre ich nicht so lange dort geblieben", erklärte Finn.

„Du bist mir keine Rechtfertigung schuldig. Die einzige Frage, die von Bedeutung ist, ist doch: Ist sie es wert?"

„Ich denke ja."

„Gut. Wer ist die andere Frau, die ihr bei euch habt?", fragte Donn.

„Laoise. Sie ist die Tochter des Druiden von Garrán Dubh", antwortete Finn.

„Das sieht man der Schönheit zum Glück gar nicht an. Ist sie eine ...?"

„Vielleicht. Ich weiß nicht. Sie hat ein paar außergewöhnliche Fähigkeiten", meinte Finn.

„Ja, das glaube ich dir", entgegnete Donn grinsend.

„So habe ich das nicht gemeint."

„Weshalb ist sie mit euch gekommen?", fragte Donn.

„Sie hat sich angeboten, mit dem Herrscher des Königreichs Tír Fa Tonn zu verhandeln. Der Druide von Garrán Dubh meinte, dass wir dort Antworten finden werden."

Die beiden waren oben auf dem Turm angekommen und blickten auf die heruntergekommene Stadt und die verwüsteten Felder, die sie umgaben. Erst von hier oben sah man das Ausmaß der Katastrophe. Die Felder rings um die Stadt waren verbrannt. Es war Frühling und man hätte schon die ersten Sprösslinge sehen müssen, doch auf den Feldern von Cruachan Aí wuchs nichts mehr.

„Was ist hier nur geschehen?", fragte Finn betroffen.

„Connacht ist den schwarzen Reitern schutzlos ausgeliefert. Du weißt ja, dass die meisten von uns bei der Schlacht von Gabhra gefallen sind. Ich wäre sicher auch nicht mehr am Leben, wenn du mich hättest kämpfen lassen. Weißt du, wie wütend ich damals auf dich war? Du hast mir damals gesagt: ‚Donn, du wirst heute nicht kämpfen. Du bist gut für Politik. Dich brauchen wir später noch.'"

„Ich habe Recht behalten, oder?"

Donn zog seine Augenbrauen hoch und schüttelte den Kopf.

„Was ist? Ich hatte doch Recht!", bekräftigte Finn.

„Weißt du, es ist genau wie damals. Damals hast du mich wann du nur konntest, spüren lassen, dass du 10 Zyklen älter bist als ich. Du warst der erfahrene Kämpfer zu dem alle aufschauten und ich war immer der dumme Junge, der nicht weiß, wie man ein Schwert hält. Aber irgendwie funktioniert das jetzt nicht mehr. Ich meine, schau' mich an. Ich bin ein alter Mann und du bist immer noch jung", sagte Donn wehmütig.

„So alt bist du doch gar nicht. Zumindest bist du jung genug um einer Tuatha de Danaan Schönheit nachzuschauen."

„Kann man dafür überhaupt zu alt sein? Du weißt ja, was man über die Tuatha de Danaan Frauen erzählt."

„Würdest du gerne mit mir tauschen?", fragte Finn schließlich.

„Nein. Für keinen Schatz dieser Welt. Das ist das einzige, was ich noch weniger möchte, als dieses Land weiter zu verwalten. Der Winter war hart für uns. Wir mussten neue Felder weit außerhalb von Cruachan Aí anlegen. Wir mussten jagen und Wildfrüchte sammeln. In den umliegenden Seen waren wir fischen. Cáilte und Diarmuid haben sich dabei gut gemacht. Sie sind gute Ratsmänner."

„Wenn der Rat tagen würde", wendete Finn ein.

„Ich möchte ihn im Sommer wieder einberufen. Oder möchtest du es jetzt tun? Ich hätte nichts dagegen. Wenn du den Thron deines Vaters beanspruchen würdest, tätest du mir einen Gefallen damit", erklärte Donn.

„Das Volk von Connacht würde das nicht wollen", meinte Finn.

„Das wird sich ändern, wenn du Erfolg hast", gab Donn zu bedenken.

„Wenn ich Erfolg habe! Und das ist ein sehr großes Wenn."

„Du konntest Daire Donn bei der Schlacht von An Trá Bhán besiegen. Damals hatte auch keiner an einen Sieg geglaubt. Da wird man jawohl auch jetzt ein Wunder erwarten dürfen", meinte Donn aufmunternd.

„Damals hatte ich eine Armee von 10.000 Mann hinter mir und außerdem hatte man deinen Namensvetter als größten Krieger auf der ganzen Welt ein wenig überschätzt", wendete Finn ein und blickt wieder auf die traurige Stadt.

„Die schwarzen Reiter. Was weißt du über sie?"

„Nicht besonders viel. Wir wissen nicht, woher sie kommen und wir wissen nicht, wohin sie gehen. Die schwarzen Reiter legen es nicht darauf an, die Menschen zu töten. Sie verbreiten jedoch gezielt Angst und Schrecken. Sie setzen darauf die Menschen einzuschüchtern. Viele haben diese Provinz bereits verlassen. Einige meinen, es könne sich um eine späte Rache der Tuatha de Danaan handeln", erklärte Donn.

„Das ist Unsinn! Man kann den Tuatha de Danaan viel nachsagen, aber im Kampf sind sie fair. Ein so feiges Verhalten, wie es die schwarzen Reiter an den Tag legen, ist unter ihrer Würde."

„Ich bin mir nicht so sicher. Aber an deiner Stelle würde ich wahrscheinlich genauso reagieren."

„Was willst du damit sagen?", fragte Finn ein wenig verärgert.

„Nichts weiter – nur, dass du ja noch immer das Tuatha de Danaan Schwert trägst, dass du bei der Schlacht von An Trá Bhán von ihnen bekommen hast", entgegnete Donn.

„Zweifelst du etwa meine Objektivität an? Wenn ja, dann solltest du die Dinge beim Namen nennen!", sagte Finn aufgebracht.

„Nein, ich zweifele deine Objektivität nicht an. Ich finde nur du sollst jede Möglichkeit in Betracht ziehen."

„Gut! Hast du sonst noch irgendwelche klugen Ratschläge?", fragte Finn wieder etwas beruhigter.

„Oisín, einer der Männer, die du dabei hast ..."

„Was ist mit ihm?"

„Du solltest auf ihn aufpassen. Er hat etwas Merkwürdiges an sich. Er ist kein leiblicher Sohn von Ronan. Trotzdem wollte Ronan, dass sich Cáilte sein Erbe mit Oisín teilt. Doch Oisín lehnte dies ab. Er zieht es vor in einer kleinen Hütte am Waldrand zu leben. Er betritt die Stadt nur, wenn es absolut notwendig ist. Die Leute hier haben fast Angst vor ihm", sagte Donn.

„Ja, ich weiß. Aber ich sehe keinen Grund etwas auf das dumme Geschwätz der Leute hier zu geben. Er ist ein ausgezeichneter Kämpfer und das ist es, was für mich zählt."

„Wie du meinst. Ich wollte es dir nur gesagt haben."

Währenddessen machten die anderen Besorgungen auf dem Markt von Cruachan Aí. Sie brauchten Zelte, Decken und Vorräte. Sie hatten die Burg von Cruachan Aí so schnell verlassen wollen, dass sie gar nicht darüber nachgedacht hatten, wie sie das Ganze bezahlen sollten. Cáilte, Oisín und Diarmuid hatten bereits alles ausgesucht, bevor ihnen klar wurde, dass sie die Dinge nicht umsonst bekommen würden. Der Händler, der ihnen die Sachen gerne verkauft hätte, schaute die verlegen wirkenden drei an.

„So, wie wollt Ihr nun bezahlen?"

„Diese goldenen Fibeln brauche ich im Grunde nicht," sagte Laoise, die hinter den Männern stand, und zunächst von niemandem beachtet wurde. Also quetschte sie sich an ihnen vorbei und hielt dem Händler eine der Fibeln unter die Nase.

„Die sind aus echtem Gold."

„Ja, das sehe ich. Aber das wird nicht reichen", entgegnete der Händler.

„Gut. Bestimmt haben wir noch andere Dinge, die wir nicht brauchen", sagte Laoise und betrachtete Cáilte und Diarmuid von oben bis unten.

„Diese Kleidung müsst ihr ohnehin loswerden. Die ist vollkommen unpraktisch. Wir wollen doch zu keinem Bankett gehen!"

„Was? Wir sollen unsere Kleidung eintauschen?", entgegnete Cáilte entsetzt.

„Ich weiß, dass man als Ratsmitglied in Cruachan Aí so etwas trägt. Aber da, wo wir hingehen, werdet ihr es nicht brauchen", versuchte Laoise den aufgebrachten Cáilte zu beschwichtigen.

„Woher willst gerade du das wissen?", meinte Diarmuid.

„Vielleicht war ich ja schon mal in Ulaidh und vielleicht weiß ich von der Welt auch einfach mehr als ihr in eurem komischen Oberschicht-Fummel!"

„Es reicht", fuhr Cáilte Laoise an. Beinahe wäre ihm die Hand ausgerutscht, doch erinnerte er sich noch rechtzeitig daran, wie Finn im Zweikampf gegen Laoise ausgesehen hatte.

„Ich finde, wir haben im Moment keine große Wahl. Wir brauchen die Sachen", sagte Oisín.

Um den ersten Schritt zu tun, zupfte Laoise die restlichen Fibeln von ihrem Inar und gab sie dem Händler. Cáilte und Diarmuid zogen widerwillig ihre Brats aus und der Händler betrachtete sie mit funkelnden Augen.

„Wir machen kein gutes Geschäft. Unsere Brats und die Fibeln sind mehr wert als du uns anbietest", sagte Cáilte.

„Ihr könnt es gerne noch woanders versuchen, aber ein besseres Angebot werdet Ihr nicht bekommen. Aber weil diese Stadt Euch einiges zu verdanken hat, gebe ich Euch zu dem Zelt, den Decken und den Vorräten noch zwei Inar und zwei Truis dazu. Kommt mit, ich werde Euch zeigen, wo Ihr Euch umziehen könnt", entgegnete der Händler zufrieden.

Diarmuid und Cáilte folgten dem Händler. Oisín und Laoise blieben an dessen Stand zurück. Oisín wollte gerade etwas zu Laoise sagen, doch als er sich zu ihr wenden wollte, war sie verschwunden.

Sie kann allein auf sich aufpassen, dachte sich Oisín und behielt lieber Ríoghnach im Auge, die sich nicht weit entfernt an einem Stand Kleider anschaute. Es hatte inzwischen aufgehört zu regnen. Dennoch war der Himmel mit dunklen Wolken verhangen, die sich hoch über der Stadt auftürmten. Für Ríoghnach war es hier gefährlich. Die Leute gaben ihr die Schuld an Finns Verschwinden. Und dazu war sie auch noch ein Firbolg aus dem sagenhaften Königreich Tír Fa Tonn. Die Menschen starrten sie an. Ríoghnach selber schien nicht aufzufallen, wie die Menschen sie anschauten. Oisín beobachtete sie aus der Ferne. Eine Gruppe von Männern ging von hinten auf Ríoghnach zu und sprachen sie an. Oisín konnte zwar nicht hören, was sie zu ihr sagten, aber es beunruhigte ihn zutiefst. Plötzlich griff einer der Männer Ríoghnach von hinten an und hielt sie fest. Oisín zog sein Schwert und stürmte auf die Männer zu.

„Wisst ihr, wer ich bin?", fragte Oisín die Angreifer.

„Du bist Oisín, Sohn von Ronan", entgegnete einer von ihnen erschrocken. Die Männer hatten nicht gemerkt, dass Oisín sich in ihrer Nähe befand.

„Da ihr das wisst, was tut ihr noch hier?", fragte Oisín mit Furcht einflößender Stimme, die ihre Wirkung nicht verfehlte. Die Männer liefen fort und Ríoghnach fiel in Oisíns Arme.

„Danke", sagte Ríoghnach aufgelöst.

„Es ist nichts passiert", sagte Oisín, der seine Arme um Ríoghnach gelegt hatte, sanft, was überhaupt nicht seine Art war. Er fühlte etwas ganz Merkwürdiges. Er fühlte sich für Ríoghnach verantwortlich, so als ob sie sich schon ihr ganzes Leben lang gekannt hätten und als ob es seine Aufgabe war, sie zu schützen. Es war so als wäre Ríoghnach die Antwort auf seine zahllosen Fragen. Oisín sah über Ríoghnachs Schultern und erblickte Laoise. Sie war gar nicht so weit fortgegangen. Laoise trug ein zufriedenes Lächeln auf ihren Lippen. Sie hätte auch in die Szene eingreifen können. Oisín wusste das. Er hatte Laoise und Finn ja kämpfen sehen. Er fragte sich, was für ein Spiel Laoise mit ihm spielte. Ihr Lächeln wirkte auf ihn aggressiv und überlegen, so als ob sie ihn jetzt genau dort hatte, wo sie ihn gerne haben wollte.

„Komm, Ríoghnach, du braucht auch etwas anderes zum Anziehen. Dieses lange, blaue Leine ist viel zu auffällig", sagte Oisín.

„Gefällt es dir nicht?", fragte Ríoghnach, während ihr immer noch dicke Tränen über die Wangen liefen.

„Doch schon, aber die Menschen hier sind arm. Sie sind an so einen Anblick nicht gewöhnt. Wir haben hier alle den Winter nur mit viel Mühe überstanden. Für schöne Kleider haben wir im Moment keine Zeit."

Ríoghnach nickte und hielt Oisíns Hand fest.

Am Abend trafen sich alle wieder in der Burg. Alle Besorgungen waren gemacht und fertig für den Aufbruch verschnürt. Man hatte beschlossen morgen so früh wie möglich loszuziehen und sich deshalb früh zur Ruhe begeben. Donn hatte für seine Gäste Zimmer im Nordflügel herrichten lassen, in denen sich jedoch niemand so recht wohl fühlte. Für Finn war dieses Gemäuer voller Erinnerungen an ein vergangenes Leben. Es war fast so, als wäre es nicht sein eigenes Leben, sondern nur eine Geschichte, die ihm jemand erzählt hatte. Es war die Geschichte eines Jungen, der mit 14 Jahren von zu Hause weg lief, um in der Fianna zu dienen und der seinem Vater geschworen hatte, niemals sein Erbe anzutreten. Denn dieser Junge wollte unter keinen Umständen der nächste König von Connacht werden. Finn hatte früh beschlossen, dass er für Politik keine Begabung hatte und er das Regieren lieber irgendwelchen Halbbrüdern oder entfernten Cousins überlassen wollte. Doch von diesen Halbbrüdern und Cousins war niemand mehr übrig. Es lag nun an ihm, Verantwortung für Connacht zu übernehmen. Fast niemand, der ihm etwas bedeutet hatte, war noch am Leben. In der Vergangenheit hatte er sich oft gewünscht, er hätte die Schlacht von Gabhra nicht überlebt. Er war jedoch viel zu stolz gewesen, um seinem Leben selbst ein Ende zu machen, sonst hätte er es wohl getan. Doch diese Zeit des Schmerzes war nun vorbei. Er hatte etwas gefunden, für das es sich zu leben lohnte.

Nein, eigentlich hatte er nicht etwas gefunden, sondern jemanden. Jemand, der neben ihm lag und scheinbar friedlich schlief.

Doch Ríoghnachs Schlaf war alles andere als friedlich. Sie war innerlich völlig aufgewühlt. Was heute auf dem Markt passiert war, ist zu viel für sie gewesen. Ríoghnach fühlte sich durch den Vorfall tief verletzt. Sie war die Prinzessin des Königreichs Tír Fa Tonn und in ihrem Leben immer mit Respekt behandelt worden. Niemand im Tír Fa Tonn hätte gewagt sie anzufassen. Finn hatte sie nichts von dem Vorfall erzählt. Vielleicht weil sie ihn nicht damit belasten wollte. Vielleicht weil sie sich dafür schämte. Obwohl Finn neben ihr lag, kam sie sich in diesem Augenblick unheimlich einsam vor. Sie hatte alle Freunde und Verwandten im Königreich Tír Fa Tonn hinter sich lassen müssen. Sie würde sie wahrscheinlich in ihrem ganzen Leben niemals mehr wiedersehen. Zudem gefiel es Ríoghnach gar nicht, wie Finn Laoise anschaute. Ihr war klar, dass sie nicht die erste Frau in Finns Leben war und wahrscheinlich auch nicht die letzte sein würde.

Oisín musste die ganze Zeit an Ríoghnach denken und er merkte, dass er dabei war, sich zu verändern. Jedoch verwandelte er sich in jemanden, der er gar nicht sein wollte. Er musste immer wieder daran denken, wie seltsam es sich angefühlt hatte, als er Ríoghnach plötzlich in den Armen gehalten hatte. Das Gefühl, was er empfand, hatte für Oisín noch keinen Namen, aber wenn er es beschreiben sollte, dann würde er sagen, dass es sich einfach richtig angefühlt hatte.

An Cáilte und Diarmuid nagte währenddessen der Zweifel, ob es eine gute Idee gewesen war, bei diesem Abenteuer mitzumachen. Im Gegensatz zu den anderen hatten sie einiges zu verlieren. Cáilte und Diarmuid waren beide die einzigen leiblichen Söhne ihrer Väter. Deren Besitztümer standen ihnen damit zu und im Grunde hätten sie sich damit ein schönes Leben machen können. Doch irgendetwas hatte sie dazu bewegt sich Finn anzuschließen. Es war weniger das Bedürfnis sich in der Geschichte zu verewigen als bloße Abenteuerlust. Es war eben jene Naivität, die die Menschen von Zeit zu Zeit überkommt, und sie sich auf Krieg freuen lässt.

Auch Laoise hatte eine unruhige Nacht. Sie dachte verärgert darüber nach, wie die anderen sie behandelten und warum sie es taten. Sie hatten Angst vor ihr, weil sie dachten, dass sie eine der Tuatha de Danaan war. Heute auf dem Markt hatten einige Menschen Angst gehabt, sie auch nur anzusehen. Dabei hegte sie keine bösen Absichten, sondern wollte wie Finns andere Gefolgsleute nur das Beste für Connacht und für Ériu. Doch Oisín, Cáilte und Diarmuid wollten das gar nicht sehen und das machte Laoise wütend. Sie hatte das Gefühl in diesem engen Gemäuer augenblicklich zu ersticken. Sie hielt es hier nicht mehr aus. Schließlich zog sie sich wieder an und schlich durch die Küche in das verschlungene Tunnelgefecht von Cruachan Aí. Es war stockfinster. Laoise schlich langsam einen Gang entlang. An dessen Ende schien es etwas heller zu sein. Als der Gang eine plötzliche Biegung nach rechts machte, stieß sie gegen etwas Lebendiges. Sie schrie leise auf und etwas fiel zu Boden. Laoise blickte zu dem Gegenstand, der heruntergefallen war. Es war eine Laterne, die von einer unsichtbaren Hand wieder aufgehoben wurde.

„Bist du Ríoghnach?", fragte eine unbekannte Männerstimme, die zu Éremón, dem Sohn von Donn, gehörte.

„Nein", antwortete Laoise und blickte Éremón an. Er war groß und hatte helle Haare. Er sah Donn nicht ähnlich.

„Dann bist du die Tuatha de Danaan Frau", stellte Éremón fest.

Er hielt die Laterne neben ihr Gesicht, um sie besser zu sehen. Das grelle Licht brannte in Laoises Augen.

„Lange dunkle Haare. Große grüne Augen. Volle rote Lippen. Du bist genau Finns Typ, würde ich sagen. Nicht dass lange blonde Haare und große blaue Augen nicht sein Typ wären", sagte Éremón und versuchte dabei möglichst bedrohlich zu klingen.

„Was willst du damit sagen?", fragte Laoise, die das genau wusste.

„Was wohl? Dass Finn einen hohen Verschleiß hat, was Frauen angeht."

„Du kennst ihn doch gar nicht."

„Ich kenne die Geschichten, die man über ihn erzählt und das reicht mir. Für ihn muss es sehr praktisch sein, dass die Heiden nichts gegen Vielweiberei haben."

„Menschen können sich ändern und selbst wenn nicht, ich bin nicht mit Finn gekommen, um mit ihm das Bett zu teilen."

„Ach richtig, du willst ja mit dem Herrscher des Königreiches Tír Fa Tonn verhandeln. Mein Vater erzählte mir davon", sagte Éremón spöttisch.

Am Ende des Gangs war ein Licht zu erkennen, das langsam näher kam. Es war Donn.

„Was geht denn hier vor sich?", fragte er verärgert.

„Nichts. Ich wollte Laoise – das ist doch dein Name, oder? – eine gute Nacht wünschen. Gute Nacht, Laoise", sagte Éremón und ging.

„Laoise, es tut mir Leid. Hat er dich erschreckt?", fragte Donn besorgt.

„Nein."

„Ich weiß nicht, was ihn so hasserfüllt gemacht hat. Seid wir erfahren haben, dass Finn noch lebt, ist er nicht wiederzuerkennen", erklärte Donn.

„Weißt du es wirklich nicht?", fragte Laoise.

„Wie meinst du das?", antwortete Donn mit einer Gegenfrage.

„Wer ist seine Mutter? Es ist Aine, nicht wahr? Die Frau, die Finn eigentlich gewählt hätte, wäre es nicht zur Schlacht von Gabhra gekommen."

„Was ist, wenn die Antwort auf diese Frage ja wäre?"

„Dann wäre meine nächste Frage, wann er geboren ist und ob du sicher bist, dass er dein Sohn ist."

„Gut, dass du diese Fragen niemals gestellt hast und ich sie niemals beantwortet habe. Komm, ich werde dich zurück auf dein Zimmer begleiten."

Sie gingen schweigend den Gang hinauf zur Küche, bis sie schließlich wieder vor Laoises Zimmer standen.

„Finn hat ein Recht darauf, es zu erfahren", sagte Laoise eindringlich.

„Dieses Recht hat er verwirkt", entgegnete Donn.

„Éremón spürt die Wahrheit. Er wird es herausfinden."

„Mag sein, aber heute noch nicht."

„Es war ein Fehler ihn über das Meer im Osten nach Alban zu schicken. Was man ihn dort gelehrt hat, wird eines Tages unser Untergang sein."

„Gute Nacht, Laoise", sagte Donn nur und schloss hinter ihr die Tür.

Am nächsten Morgen brachen die Reisenden nach Ulaidh auf. Donn verabschiedete sie, doch Éremón war nicht da. Zumindest rein äußerlich gaben Finn, Oisín, Ríoghnach, Laoise, Cáilte und Diarmuid vor der Burg von Cruachan Aí nun eine Einheit ab. Cáilte und Diarmuid trugen keine Brats mehr und Ríoghnach war mit einem schlichten hellen Léine bekleidet, in dem sie immer noch anmutig wirkte. Irgendwie war auch Oisín auf dem Markt von Cruachan Aí zu etwas Ansehnlicherem gekommen.

„Denkst du, dass es wirklich eine gute Idee ist, wenn vier bewaffnete Connacht Männer durch Ulaidh laufen, die obendrein noch zwei hübsche Frauen dabei haben?", fragte Donn.

„Warum sollte das ein Problem sein?", fragte Finn.

„Wie du weißt, war das Verhältnis zwischen Connacht und Ulaidh nie das beste. Du weißt schon: Medb und Aillil, Connacht überfällt Ulaidh, Cú Chulainn hält eine ganze Armee auf und so weiter", erläuterte Donn.

„Mir ist die Geschichte wohl bekannt. Aber dass ist doch schon mehrere hundert Zyklen her. Das interessiert doch heute niemanden mehr", meinte Finn.

„Ich weiß nicht. Die Zeiten haben sich geändert. Seit Fergus Foga der König von Ulaidh ist, laufen die Dinge in Emhain Mhacha etwas aus dem Ruder. Ihr solltet vorsichtig sein", redete Donn weiter auf Finn ein.

„Wir werden deine Worte bedenken", lenkte dieser schließlich ein.

Laoise blickte Donn vorwurfsvoll an, doch dieser brach sein Schweigen nicht. Vielleicht weil er nicht wollte, dass Éremón mit ihnen ging, vielleicht weil er Éremóns Leben schützen wollte, vielleicht aber auch weil er Finn einfach nicht traute. Jedenfalls lag es nun an Laoise, Finn die Wahrheit zu sagen oder sie ihm weiter zu verheimlichen. Doch sie war unentschieden, wie sie mit der Situation verfahren sollte. Die Kenntnis über dieses Geheimnis konnte ihr vielleicht noch einmal einen Vorteil verschaffen. Laoise war sich auch nicht sicher, wie sie mit Oisín umgehen sollte, zumal sie ihn eigentlich mochte.

4. Emhain Mhacha

Connacht ging im Norden nahtlos in Ulaidh über. Die Grenzen der Provinzen waren für gewöhnlich nicht bewacht oder markiert. Trotzdem wusste jeder wo sie sich befanden. Die Uladh sagten, dass ihre Provinz dort anfing, wo die Straßen besser und die Pflanzen grüner wurden. Ulaidh war nicht zuletzt auch durch den gewonnenen Krieg gegen Connacht die wohlhabendere Provinz von beiden. Die Uladh sahen auf die Menschen von Connacht herab, die sie für rückständig hielten. Die Bewohner von Connacht machten sich dafür über die ihnen seltsam erscheinenden Rituale und den Götterglauben der Uladh lustig. Zwischen den Provinzen herrschte eben jene Hassfreundschaft, die man unter direkten Nachbarn häufig findet, wenn sie dieselbe Sprache sprechen und eine ähnliche Kultur pflegen.

Die Reisenden waren zwei Tage unterwegs, ohne dass irgendetwas Spektakuläres passierte. Die Männer ließen Laoise jedoch deutlich spüren, dass sie sie nicht dabei haben wollten, so dass selbst Ríoghnach ein wenig Mitleid für sie übrig hatte. Obwohl Laoise sich zu wehren wusste, ließ sie die Situation nicht kalt. Sie hätte gerne eine bessere Beziehung zu den anderen gehabt– vor allem zu Oisín, der sich von allen am schlimmsten aufführte. Oisín wusste einfach nicht so recht, was er von Laoise zu halten hatte. Während Finn sich zu ihr hingezogen fühlte, fand er sie eher bedrohlich. Auf dem Markt von Cruachan Aí war er zwar derselben Meinung gewesen wie sie, doch von gegenseitigem Respekt waren die beiden immer noch meilenweit entfernt.

Nun passierten die Reisenden die Grenze bei dem Fluss An Garbh Óg und nichts geschah. Emhain Mhacha, die Hauptstadt Ulaidhs, war mehr als einen Tagesmarsch von der Grenze entfernt. Wahrscheinlich interessierte dort niemanden, dass vier bewaffnete Connacht Männer auf der Suche nach dem Tír fa Tonn durch Ulaidh liefen. Vermutlich war das Tír fa Tonn selbst für die etwas leichtgläubigen Uladh eine Spur zu weithergeholt. Wenn sie einem der Uladh gesagt hätten: ‚Wir kommen aus Connacht und wollen zum Tír fa Tonn auf dem Grund des Meeres', wären sie wahrscheinlich ausgelacht worden. Oisín stellte sich die Situation vor und musste vor sich hin schmunzeln. An die Existenz des Tír fa Tonn konnte er erst wirklich glauben, wenn er es mit seinen eigenen Augen gesehen hatte.

Finn und die anderen schritten durch eine seichte Stelle des An Grabh Óg, Ulaidh entgegen. Im Westen sah man den Cnoc na Rí, den Berg des Mondes. Königin Medb soll hier begraben worden sein, aufrecht stehend und nach Ulaidh, den Feind, blickend. Laoise wartete nur darauf, dass einer der anderen auf diesen Unsinn aufmerksam machte, doch niemand tat ihr den Gefallen und so konnte sie nicht mit ihrem Wissen prahlen, dass Medb natürlich in Cruachan Aí begraben wurde und nicht auf dem Gipfel dieses Berges irgendwo im Grenzgebiet zu Ulaidh.

Als die Reisenden auf der anderen Seite des An Grabh Óg angekommen waren, stürmten plötzlich mehrere Krieger der Uladh auf sie zu und kreisten sie ein. Ihnen war, als wären sie aus dem Nichts aufgetaucht. Auf einmal standen die vier bewaffneten Kämpfer, die wahrscheinlich von Fergus Foga hier postiert worden waren, um sie herum. Die Reisenden umfassten - bis auf Ríoghnach, die unbewaffnet war - die Griffe ihrer Schwerter. Die Angreifer trugen neben Schwertern auch Speere mit breiten, scharfen Spitzen. Ihre helle Kleidung war mit roten Ornamenten verziert, so wie es für die Krieger der Uladh typisch war. Die Uladh hatten immer noch den Ruf besonders tapfer und stark zu sein, auch wenn ihre großen Zeiten längst Geschichte waren. Fergus Foga, dem König der einst mächtigen Uladh, wurde allerdings mehr Seltsames als Heldenhaftes nachgesagt.

„Wo wollt Ihr hin?", fragte einer der Kämpfer barsch.

„Wir wollen zu den heiligen Steinen von Galláin na Trá", log Oisín.

„Warum?", fragte ein anderer Kämpfer.

„Wir wollen den alten Göttern huldigen", entgegnete Oisín.

„Dann seid Ihr also Pilger? Ist das ein Ring des Connachter Königshauses, den Ihr da tragt?", fragte der erste Kämpfer neugierig und kam näher an Finn heran, um den Ring genauer zu betrachten.

„Ja, so ist es", sagte Finn.

„Dann seid Ihr Gesandte des Königs von Connacht?", fragte der Kämpfer weiter.

„Ja", antwortete Oisín schnell.

„Warum habt Ihr das nicht gleich gesagt? Dann seid Ihr natürlich willkommen. Übermorgen haben wir Beltaine. Der König von Ulaidh wird erfreut sein, an diesem besonderen Fest solch bedeutende ausländische Gäste zu haben. Mein Name ist übrigens Culann."

„Vielen Dank. Das ist sehr gütig, Culann", sagte Finn. Obwohl er nicht wusste, was er von dem Angebot zu halten hatte, war ihm klar, dass er es nicht ablehnen konnte. Reibereien zwischen Ulaidh und Connacht waren das letzte, was sie jetzt gebrauchen konnten.

„Folgt mir nach Emhain Mhacha zum Haus des Königs", sagte Culann, was sich für Oisín mehr wie ein Befehl und weniger wie eine Einladung anhörte. Die Krieger trennten sich. Zwei von ihnen blieben an der Grenze zu Connacht zurück, während die anderen beiden die Reisenden nach Emhain Mhacha führten. Cáilte, Diarmuid und Ríoghnach, die schon befürchtet hatten, es könne zu einem Kampf kommen, folgten den beiden Grenzwachen erleichtert. Finn wollte ebenfalls folgen, doch Oisín hielt ihn fest und auch Laoise hielt Abstand zu den anderen.

„Neuigkeiten scheinen nicht schnell nach Ulaidh zu gelangen. Mir gefällt das Ganze nicht", sagte Oisín beunruhigt.

„Mir auch nicht", pflichtete Laoise ihm bei.

„Seid ihr nicht ein wenig zu misstrauisch?", meinte Finn.

„Das denke ich nicht. Es war klug den Kriegern der Uladh nicht zu sagen, wo wir eigentlich hin wollen", entgegnete Laoise, die Oisín damit auch ein Friedensangebot unterbreiten wollte.

„Danke", sagte Oisín überrascht. Er war nicht darauf gefasst, ein lobendes Wort von Laoise zu erhalten.

„Was sollen das eigentlich für heilige Steine sein?", fragte Finn.

„Ich weiß nicht", antwortete Oisín.

„Willst du damit sagen, dass du sie dir ausgedacht hast? Dann befinden wir uns auf einer Pilgerreise zu irgendwelchen Steinen, die gar nicht existieren?", fragte Laoise entrüstet.

„Sieht ganz danach aus", entgegnete Oisín gelassen.

„Meinst du, dass die das nicht merken? Die Uladh werden doch wohl ihre eigene Provinz kennen! Vielleicht war das doch nicht so klug, wie ich anfangs dachte. Wenn ich es mir recht überlege, dann war es ziemlich dumm", sagte Laoise, ihr Friedensangebot zurücknehmend, und ging zu den anderen.

„Wenn du mich fragst, dann war es ein Fehler, Weibsvolk mitzunehmen. Damit machen wir uns nur verdächtig", meinte Oisín zu Finn.

„Sie kämpft gut", erinnerte ihn Finn.

„Mag sein", entgegnete Oisín abwertend.

„Schön ist sie auch noch."

„Ist mir bis jetzt nicht aufgefallen."

„Ich finde es schwer zu übersehen", meinte Finn. Er machte keinen Hehl daraus, dass er Laoise anziehend fand.

„Finn, kann dir denn eine Frau nicht genug sein?", fragte Oisín, der sich Mühe gab Verärgerung vorzuspielen. Finn, der das bemerkte, fing an zu lachen.

„Eigentlich ist das nicht lustig. Weißt du, was du Ríoghnach damit antust? Sie hat ihr Land und ihren Vater verlassen, nur um mit dir zu kommen", meinte Oisín.

„Oisín, du hast absolut keine Ahnung von Frauen."

Das Verhältnis zwischen Connacht und Ulaidh war für lange Zeit mehr als schwierig gewesen. Aillil und Medb, das berüchtigte Connachter Königspaar hatte mit Conochbor, dem legendären Uladh-König, in einem dauernden Kriegszustand gelebt. Einst hatten Aillil und Medb einen gemeinen Plan ausgeheckt. Sie brachten ganz Ériu gegen Ulaidh auf, dann überfielen sie es mit einer gewaltigen Armee. Ulaidh wurde von dem Überfall vollkommen überrascht getroffen. Trotzdem unterlag Connacht schließlich. Man erzählt sich, dass Cú Chulainn, der Neffe von Conochbor, damals die gesamte Armee von Aillil und Medb alleine aufgehalten haben sollte. Wahrscheinlich ist die Geschichte, die eine Generation an die nächste weitergab, über die Jahre hinweg an dieser Stelle ein wenig ausgeschmückt und übertrieben worden. Aber selbst wenn Cú Chulainn nicht die gesamte Armee von Aillil und Medb alleine aufgehalten hatte, Connacht wurde von Ulaidh geschlagen und das ist es, an was Finn denken musste – an das Geschlagenwerden, an das Scheitern. Er und seine Männer hatten die Schlacht von Gabhra verloren, obwohl sie damals genau gewusst hatten gegen wen sie kämpfen und die Fianna eine mächtige und bis dahin ungeschlagene Armee war. Jetzt hatten sich ihm gerade mal drei Mann und eine etwas merkwürdige, wenn auch attraktive Druiden-Frau angeschlossen und sie hatten keine Ahnung, wen sie überhaupt bekämpften!

Culann und der andere Uladh-Kämpfer, der sich ihnen als Cathbadh vorstellte, führten die Reisenden nach Norden, Emhain Mhacha entgegen. Als es dunkel wurde, erreichten sie eine Hütte am Loch Éirne, die den Uladh-Kämpfern wohl als Unterschlupf diente.

Wenigstens mussten sie heute das Zelt nicht wieder aufbauen, dachte Laoise. Und vor allem musste sie nicht darin schlafen. In der Hütte lagerten sogar einige Vorräte, die Culann den Reisenden anbot. Culann und Cathbadh waren freundlich zu ihnen. Für Finns Geschmack stellten sie jedoch zu viele Fragen über Connacht. Er nannte ihnen deshalb einen falschen Namen und ließ sie im Dunklen, wie schlecht es um die Provinz des Westens stand. Wahrscheinlich wussten sie das aber sowieso, denn Donn hatte ja auch Ulaidh um Hilfe gegen die dunklen Angreifer gebeten. Cáilte und Diarmuid unterhielten sich angeregt mit den beiden Uladh-Kriegern über Schwerter, Speere, Viehzucht, Ackerbau, … Finn kam den Themen kaum hinterher und von der Hälfte hatte er ohnehin keine Ahnung. Ríoghnach versuchte der Unterhaltung der Höflichkeit wegen zu folgen und setzte ein interessiertes Gesicht auf. Währenddessen saß Oisín teilnahmslos in einer Ecke und auch von Laoise war nichts zu hören. Für Finn sah Laoise verängstigt aus und das gefiel ihm nicht. Nach einer Weile stand sie auf, entschuldigte sich und ging nach draußen.

„Ist mit ihr alles in Ordnung?", fragte Culann.

„Ich weiß nicht. Oisín, könnest du nach ihr sehen?", forderte Finn ihn auf.

„Wie bitte?", reagierte Oisín geistesabwesend.

„Kannst du nach Laoise sehen?", wiederholte Finn seine Bitte.

„Ja, natürlich."

Oisín verließ ebenfalls die Hütte. Ein fast voller Mond schien hell am Himmel. Übermorgen war schon Beltaine. Es war definitiv zu kalt für diese Jahreszeit. Oisín rieb sich die Finger. Zum Glück musste er nicht lange nach Laoise suchen. Sie stand nicht weit von der Hütte entfernt gegen einen Baum gelehnt und starrte zum Himmel hinauf.

„Ist alles in Ordnung?", fragte Oisín.

„Ja, es ist alles in Ordnung", antwortete Laoise.

„Komm wieder rein. Es ist kalt!"

„Ich möchte lieber noch etwas hier bleiben."

„Aber du frierst doch. Du zitterst ja schon."

„Ich möchte aber nicht. Wir sollten nicht hier sein und wir dürfen nicht nach Emhain Mhacha gehen. Ich habe ein ganz ungutes Gefühl dabei."

„Ich fühle mich auch nicht wohl dabei", gab Oisín zu und wollte seinen Inar ausziehen.

„Was tust denn da? Hast du nicht eben noch gesagt, dass es kalt ist?"

„Ich gebe dir meinen Inar."

„Vielen Dank, aber ich trage bereits einen und außerdem, was würde Ríoghnach dazu sagen, wenn sie wüsste, dass du ihr Geschenk einfach weiter gibst?"

„Ich wollte eigentlich keine neuen Sachen haben, aber Ríoghnach hat darauf bestanden. Sie sagte dem Händler, dass ihr langes blaues Léine viel zu

wertvoll sei, um es einfach nur gegen etwas Schlichteres einzutauschen,"
erklärte Oisín und schaute etwas verlegen zu den Sternen hinauf. Ihm war es
absolut nicht recht gewesen, dass Ríoghnach ihr blaues Léine auch für seinen
neuen Inar auf dem Markt versetzt hatte.

„Na ja, das hat Ríoghnach doch gut gemacht. Sie gefällt dir, nicht war? Ist ja
auch nicht weiter verwunderlich. Welchem Mann würde sie nicht gefallen?",
meinte Laoise.

„Ich mag sie, aber nicht auf diese Weise", entgegnete Oisín schnell.

„Ganz wie du meinst. Lass uns wieder rein gehen. Vielleicht hat Cáilte ja
seinen Diskurs über Feldfrüchte oder Schwertkampf oder was auch immer
das letzte Thema war mittlerweile beendet", sagte Laoise, der es irgendwie
unangenehm war, mit Oisín alleine zu sein.

„Beim Thema Schwertkampf hättest du bestimmt etwas interessantes zur
Diskussion beitragen können", meinte Oisín.

„Du etwa nicht?", reagierte Laoise.

„Ich weiß nicht. Ich konnte Finn nicht schlagen", sagte Oisín, der gerne
gewusst hätte, wie Laoise das genau gemacht hatte. Dass Laoise manchmal
Dinge sah, bevor sie geschahen, reichte ihm als Erklärung nicht aus. Vielleicht hätte Laoise es auch genauer erklärt, wenn Oisín nur gefragt hätte.

„Manchmal ist es auch ganz weise nichts zu sagen. Dann hat man den
Überraschungsmoment auf seiner Seite", sagte er stattdessen.

„Das ist gut. Das gefällt mir. Gehen wir?", schlug Laoise vor.

Oisín und Laoise gingen zurück zur Hütte, wo sie von Cathbadh und Culann
bereits erwartet wurden.

„Wir dachten schon, wie müssten Euch suchen kommen", sagte Culann.

„Dort draußen ist es gefährlich, wenn man sich hier nicht auskennt. Hier
gibt es eine Menge wilder Kreaturen", meinte Cathbadh, so als könne er Oisín
und Laoise damit Angst machen.

„Wie wäre es, wenn wir uns jetzt schlafen legen", sagte Finn, „es ist bestimmt noch weit nach Emhain Mhacha. Wir wollen Beltaine doch nicht
verpassen."

„Bis Emhain Mhacha ist es tatsächlich noch ein ganzes Stück", bestätigte
Culann.

„Ja, schlafen ist auch ganz in meinem Sinne", sagte Oisín gähnend.

Am nächsten Morgen gingen die Reisenden weiter mit Culann und Cathbadh
nach Emhain Mhacha. Im Grunde war es kein großer Umweg über die

Hauptstadt von Ulaidh zur Nordküste zu gelangen und außerdem konnten die Reisenden eine Pause gut gebrauchen. Wenn morgen nicht gerade Beltaine wäre, käme eine Besuch beim König von Ulaidh vielleicht gar nicht so ungelegen, dachte Finn. Beltaine feierte man zwar in Connacht auch, aber eben nicht so wie in Ulaidh. Glaubte man Erzählungen von Händlern und Schaustellern, die auch Ulaidh bereisten, dann gab es in Emhain Mhacha zu Beltaine ein großes Feuer, viel Musik und Tanz und natürlich alte Rituale, um die Götter gnädig zu stimmen. In Cruachan Aí gab es zu Beltaine nur ein Ritual: Man traf sich in der Banketthalle und betrank sich.

Der Weg nach Emhain Mhacha war weit und die Reisenden erreichten es erst, als es bereits dunkel geworden war. Vor allem Laoise schien es nicht eilig zu haben, in der Hauptstadt anzukommen. Wegen ihr mussten einige Pausen eingelegt werden, die selbst Ríoghnach nicht gebraucht hätte. Jetzt waren sie jedoch unumstößlich angekommen: In der Ferne waren die Umrisse von Emhain Mhacha zu erkennen. Vor einigen Tagen hatte Finn Donns warnende Worte kaum beachtet, jetzt war er sich nicht mehr sicher, ob Donn nicht vielleicht doch Recht gehabt hatte. Emhain Mhacha war vielleicht nicht mehr so, wie er es kannte. In der Zeit, in der Finn in Connacht aufgewachsen war, hatte es nie Probleme zwischen Ulaidh und Connacht gegeben. Sein Vater und der König von Ulaidh waren sogar so etwas wie Freunde gewesen. Zudem hatte Finn zusammen mit Ríoghnach Ulaidh auf ihrem Weg vom Königreich Tír fa Tonn nach Cruachan Aí durchquert, ohne dass sie dabei auf Probleme gestoßen wären. Machte er sich letzten Endes umsonst Sorgen?

„Ich sehe das so: Wir sind sechs und die sind bloß zwei", flüsterte Laoise zu Finn und riss diesen aus seinen Gedanken.

„Ich denke eher, dass wir vier sind und die sind zwei", entgegnete Oisín leise, der Laoises Worte ebenfalls gehört hatte, obwohl er ein ganzes Stück von Laoise und Finn entfernt stand.

„Also, uns jetzt noch untereinander zu streiten, können wir uns nicht leisten", meinte Finn leise.

„Sie haben uns unsere Waffen nicht weggenommen. Warum sollten die das tun, wenn sie wirklich etwas im Schilde führen", wendete Cáilte ein.

„Vielleicht weil wir uns gewehrt hätten, wenn sie es probiert hätten. Gestern an der Grenze waren sie auch nur zu viert", sagte Oisín.

„Noch können wir entkommen. Wenn wir erst einmal in Emhain Mhacha sind, können die mit uns machen, was sie wollen", flüsterte Laoise.

„Trotzdem können wir einen Konflikt mit Ulaidh jetzt nicht gebrauchen. Wir werden nach Emhain Mhacha gehen", entschied Finn.

Oisín und Laoise waren von Finns Entscheidung nicht begeistert. Die beiden hätten lieber versucht, in der Dämmerung zu entkommen. Beim Anblick der hohen Palisaden von Emhain Mhacha sträubten sich den beiden die Nackenhaare. Ein innerer Instinkt sagte ihnen, dass sie nicht da rein gehen sollten. Loch Na Séad lag dunkel und bedrohlich vor der Burg. In diesem See lagen Geheimnisse verborgen, nach denen man besser nicht suchen sollte. Glaubte man Gerüchten, so wurden hier Menschen geopfert, um die Götter gnädig zu stimmen. Besonders gerne wurden Menschenopfer an besonderen Festtagen gemacht – wie Beltaine beispielsweise. Noch verbargen die Palisaden den Einblick. Was sich wohl hinter ihnen verbarg?

„Wir werden jetzt das Tor von Emhain Mhacha passieren", informierte Culann. Auf sein Handzeichen hin öffnete sich langsam das Tor.

„Ich habe ein ganz ungutes Gefühl", flüsterte Oisín zu Finn.

Finn schaute zu Laoise. Diese gab ihm zu verstehen, dass er nicht das Tor passieren sollte. Trotzdem folgte er Culann. Auch die anderen folgten notgedrungen. Zur Überraschung der Reisenden wirkte Emhain Mhacha hinter den hohen Palisaden gar nicht so bedrohlich. Die von Fackeln erhellten Holzbauten, von denen die höchste wohl dem König gehörte, wirkten beschaulich, fast einladend. Die Reisenden waren erstaunt, das mächtige Emhain Mhacha so friedlich schlafend vorzufinden.

„Ich werde Euch zum König bringen", sagte Culann und unterbrach die Stille.

„Aber werden wir ihn nicht in seinem Schlaf stören?", fragte Oisín.

„Oh nein, zu dieser Zeit schläft der König noch nicht", entgegnete Culann.

Sie folgten Culann zum größten Gebäude Emhain Mhachas.

„Wartet kurz hier. Ich werde Euch ankündigen."

Culann klopfte an die Tür und trat ein.

„Wer hätte gedacht, dass es hier so aussieht", sagte Cáilte, der sich verwundert umschaute.

Die anderen taten es ihm gleich. Die Häuser waren aus Holz und hatten Dächer aus Stroh. Es gab eine Schmiede, Stallungen und mehre kleine Bauten, die wohl für Vorräte benutzt wurden. Alles in allem sah es hier nicht viel anders aus als in Cruachan Aí. Das Haus des Königs, das als einziges aus Stein war, war erhellt und man hörte das leise Spiel einer Harfe. Emhain Mhacha befand sich auf einer Erhebung, von der man das Land ringsum überblicken konnte. Es war von einem Wald umgeben, der es vor neugierigen Blicken schützte. Nördlich lag Loch Na Séad, das von hier oben auch eher friedlich und ruhig aussah. Neben dem steinernen Haus des Königs stach allerdings ein weiteres Gebäude ins Auge. Es war ein prächtiger Bau direkt gegenüber dem des Königs. Noch bevor die Reisenden sich wundern konnten, welchen Zweck es wohl erfüllte, trat Culann wieder aus dem Haus heraus.

„Der König erwartet Euch."

Die Reisenden traten ein. Fergus Foga sah nicht viel älter aus als Finn, war aber nicht das, was man allgemein als anschaulich bezeichnet hätte. Er trug einen langen, roten Brat, denn rot war die Farbe Ulaidhs. Das helle Léine, dass er darunter trug, wies wie die Kleidung der Uladh-Krieger rote Ornamente auf. Fergus Foga, der am Feuer gesessen hatte, stand auf um die Reisenden zu begrüßen. Über dem Feuer hing ein Kessel. Der König hielt einen Becher in der Hand und eine spärlich bekleidete Frau spielte auf der Harfe. In Emhain Mhacha bemühte man sich jedes Klischee zu erfüllen, dachte Laoise, während sich die anderen vom Anwesen des Königs eher beeindrucken ließen.

„Wie ich höre, seid Ihr Gesandte des Königs von Connacht?"

„Ja, ich bin Fiachra und das sind Cáilte, Oisín und Diarmuid. Wir sind Mitglieder des Rates und Gesandte des Königs", erklärte Finn.

„Wie geht es Cumhal denn?", fragte Fergus Foga, der anscheinend wirklich keine Ahnung hatte, dass der König von Connacht schon vor Jahren gestorben war.

„Oh, es geht ihm gut", log Oisín schnell und Finn warf ihm einen dankbaren Blick zu.

„Ihr habt hier ein recht beeindruckendes Anwesen", sagte Finn.

Er und die anderen schauten sich im Inneren des Hauses um. Die Wände waren mit Malereien verziert und der Boden war mit Tierfellen ausgelegt. An einer Wand hing eine Karte von Ériu, so wie auch Finn eine besaß. Eine Leiter führte nach oben zum Dachboden, wo Körbe standen, die wahrscheinlich noch mit der letzten Ernte gefüllt waren. Ein Teil des Hauses war mit Vorhängen, die ebenfalls in das klassische Rot getaucht waren, abgetrennt.

„Setzt Euch doch", sagte Fergus Foga und die Reisenden nahmen auf Holzbänken vor dem Feuer Platz.

„So, Ihr wollt also zu den heiligen Steinen von Galláin na Trá? Von denen habe ich noch nie etwas gehört", stellte Fergus Foga fest.

„Sie befinden sich weit im Norden. An der Küste", erklärte Oisín.

„Ja, da oben im Norden soll es eine ganze Menge seltsame Dinge geben. Einige behaupten sogar, dass es dort ein fünftes Königreich auf dem Grund des Meeres gibt. Ist das nicht lächerlich?", spottete Fergus Foga. Er konnte ja nicht wissen, dass sich ein Wesen aus gerade diesem Königreich unter ihnen befand.

„Lächerlich, in der Tat", bestätigte Finn, der um einiges weniger überzeugend log als Oisín.

„Wie ich sehe, habt Ihr Frauen dabei. Eine schöner als die andere", meinte Fergus Foga und sah zuerst Ríoghnach und dann Laoise an, so als ob er sich eine von ihnen aussuchen könnte. Es war ein Blick, der die beiden erschaudern ließ. Den Frauen war sofort klar, was Fergus Foga von ihnen wollte. Und bei dem Gedanken, sie müssten mit ihm das Bett teilen, lief es ihnen eiskalt den Rücken hinunter.

„Das ist Ríoghnach, meine Frau", sagte Finn, der in den Augen der Frauen die Angst erkannte. Er gab Oisín einen Hieb in die Seite.

„Das ist Laoise, meine - Schwester", reagierte Oisín endlich und log dabei nur halb so gut wie zuvor.

„Deine Schwester? Ihr seht euch gar nicht ähnlich. Ihr Haar ist schwarz und deines ist blond", stellte der Fergus Foga misstrauisch fest.

„Wir haben nicht dieselbe Mutter", log Oisín weiter.

Der König betrachtete Laoise genauer.

„Aber ich bin ein schlechter Gastgeber. Bestimmt seid Ihr durstig. Eithne, gib unseren Gästen etwas zu trinken."

Die blonde Frau unterbrach schnell ihr Harfenspiel und füllte für die Reisenden jeweils einen Becher mit dem Gebräu, das sich in dem Kessel befand. Die Reisenden hielten die Becher ein wenig misstrauisch in den Händen.

„Dann trinken wir auf Ulaidh und auf Connacht", sagte Finn schnell, hielt seinen Becher in die Luft und trank ihn auf einen Zug leer. Auch die anderen nahmen einen kurzen Schluck.

„Natürlich werdet Ihr beim morgigen Beltaine-Fest meine Gäste sein. Wir haben selten Gäste. Ich kann mir gar nicht erklären warum", entgegnete Fergus Foga lachend.

„Das kann ich mir auch nicht erklären", antwortete Finn.

„Ja, es ist doch so schön hier", bekräftigte Oisín.

„Eithne, spiel doch noch etwas", sagte der König und wendete sich der blonden Frau zu.

In diesem Augenblick tauschte Finn seinen leeren Becher schnell gegen Ríoghnachs vollen. Da Finns und Oisíns wortlose Verständigung diesmal besser funktionierte, tauschte auch Oisín mit Laoise seinen Becher - allerdings mit einem nicht erwarteten Ergebnis, denn Oisín hatte nun einen leeren Becher und Laoise einen halbvollen. Laoise schaute den verwunderten Oisín vorwurfsvoll an. Oisín versuchte ihr zu zeigen, dass er das nicht gewollt hatte – erfolglos. Laoise trank auch Oisíns halbvollen Becher aus und versuchte ihn dabei möglichst böse anzuschauen, was ihr auch ziemlich gut gelang.

„Wie ist die Lage denn so in Cruachan Aí?", fragte Fergus Foga.

„Oh, eigentlich gibt es nicht viel zu berichten. Die Ernten sind gut, die Menschen beschweren sich trotzdem", entgegnete Finn.

„Ach ja, das übliche."

„Ich möchte nicht unhöflich sein, aber der Weg war weit und wir sind müde", erklärte Finn.

„Ja, das glaube ich", antwortete Fergus Foga.

Die blonde Harfenspielerin sammelte die Becher wieder ein und achtete genau darauf, dass auch alle leer waren.

„Man wird Euch Eure Unterkunft zeigen. Culann?", rief Fergus Foga.

Die Reisenden wollten Culann folgen.

„Halt! Du gehst noch nicht", sagte Fergus Foga und zeigte mit dem Finger auf Oisín.

Die anderen sahen sich verwundert an und wollten nicht ohne ihn gehen, doch dieser nickte ihnen zu, um zu zeigen, dass er damit einverstanden war. Oisín und Fergus Foga blieben also alleine in dessen Haus zurück, während Culann die anderen zu einer der anderen Holzbauten brachte. Dort entzündete er für die Gäste ein Feuer.

„Es ist ein wenig staubig hier drin. Wir haben so selten Gäste", sagte Culann entschuldigend.

„Ich bin sicher, wir werden uns hier wohl fühlen", entgegnete Finn. Culann verneigte sich kurz und verließ den Raum.

„Wahrscheinlich brauche ich nicht noch einmal zu erwähnen, dass mir die Sache nicht gefällt", sagte Laoise, nachdem Culann verschwunden war.

„Was kann der König von Oisín wollen?", fragte Ríoghnach besorgt.

„Ich weiß nicht", entgegnete Finn, der sich auch keinen Reim auf die Sache machen konnte.

„Vielleicht will Fergus Foga lernen wie man Leute glauben machen kann, dass Fische fliegen können", sagte Laoise.

„Und was, Laoise, willst du uns nun damit sagen?", fragte Cáilte überheblich.

„Nichts – außer, dass dein Bruder Menschen ganz hervorragend täuschen und sie zu seinen Zwecken benutzen kann."

„So ein Unsinn!", sagte Cáilte.

„Wenn er wollte, könnte er einem Ertrinkenden einen Becher Wasser verkaufen. Cáilte, du hast keine Ahnung, wer er wirklich ist", meinte Laoise.

„Wie wäre es, wenn wir uns einfach schlafen legen. Ich bin jedenfalls sehr müde und habe für heute keine Lust mehr mir irgendwelche Streitereien anzuhören", sagte Finn mit großer Mühe.

„In dem Gebräu war etwas Giftiges", sagte Ríoghnach erschrocken.

„Ja, Alkohol", entgegnete Laoise belustigt. Auch Cáilte und Diarmuid fanden das aus erklärlichen Gründen lustig. In diesem Augenblick platzte Oisín in die zumindest teils heitere Gesellschaft.

„Was ist denn hier los?", fragte Oisín irritiert.

„Wir sind nur etwas betrunken und wir haben uns überlegt, dass zu unserer aller Sicherheit jemand Wache halten sollte. Und dann haben wir uns weiter überlegt, dass das am besten der macht, der am wenigsten betrunken ist. Und damit ist dann die Wahl eindeutig auf dich gefallen", erklärte Laoise, die ihren Arm freundschaftlich um Oisín gelegt hatte.

„Natürlich kann dir unser Prinzesschen dabei helfen. Das würde dir doch sicher gefallen, nicht wahr? Also, gute Nacht euch allen", fügte Laoise noch hinzu, bevor sie auf eines der Betten fiel.

„Hast du den Becher nicht mit ihr getauscht?", fragte Diarmuid verwirrt.

„Ja, schon aber ihr Becher war schon leer", antwortete Oisín.

„Und deiner?", fragte Finn.

„Der nicht", antwortete Oisín, was Cáilte und Diarmuid wieder lustig fanden.

„Na, es wird sie schon nicht umbringen und ihr Vorschlag war ja gar nicht so schlecht. Ich traue dem Ganzen hier auch nicht. Weck mich in vier Stunden auf, damit du auch noch etwas Schlaf bekommst", sagte Finn.

„In Ordnung", entgegnete Oisín.

Alle bis auf Oisín legten sich schlafen. In der Nacht blieb alles ruhig. Oisín starrte gelangweilt und übermüdet die Sterne an. In dem geheimnisvollen Haus gegenüber dem des Königs brannte immer noch Licht. Was wohl der

Zweck dieser seltsamen Behausung war? Sie hob sich vor allem durch ihre kreisrunde Form von den übrigen Häusern ab. Das Dach verlief nach oben hin spitz zu wie bei einem Zelt. Ob das Haus wohl für rituelle Zwecke benutzt wurde? Aus Cruachan Aí kannte Oisín so etwas nicht. Dort verehrte man keine Götter. Man glaubte allgemein an nichts Übernatürliches. Viele Menschen fanden in dem, was die meisten Religion nannten, Trost. Doch Oisín machte es Angst, wenn er darüber nachdachte, dass es im Leben mehr geben könnte, als das was man sehen kann. Er konnte den Gedanken nicht ertragen, dass er sein Leben nicht selbst bestimmen konnte. Wenn es einen höheren Plan für das gäbe, was geschieht, was geschehen ist und für das, was noch geschehen wird, wäre dann das Leben nicht sinnlos? Wenn die Menschen nicht frei wären, sondern ein Spielzeug der Götter, konnte man auch gleich ganz auf das Leben verzichten. Cruachan Aí lag höchstens vier Tagesmärsche von Emhain Mhacha entfernt. Trotzdem trennten die Hauptstadt Connachts und die Hauptstadt von Ulaidh Welten.

„Oisín?", wurde er in seinen Gedanken unterbrochen. „Oisín, wolltest du mich nicht wecken? Ist alles in Ordnung?", fragte Finn leise.

„Ja, sicher. Ich habe mich gerade gefragt, wofür dieses runde Haus wohl benutzt wird", sagte Oisín.

„Ich denke, dass werden wir morgen schon erfahren. Was hat Fergus Foga von dir gewollt?"

„Laoise. Fergus Foga will Laoise."

„Und was hast du gesagt?"

„Dass er sie geschenkt haben kann", meinte Oisín sarkastisch, doch dann ernst, „natürlich habe ich gesagt, dass sie jemand anderem versprochen ist und dass er sie nicht haben kann."

„Hat er das geglaubt?", fragte Finn besorgt.

„Ich weiß nicht", entgegnete Oisín ehrlich.

„Sag den anderen nichts davon. Das würde sie nur unnötig beunruhigen. Vielleicht machen wir uns zu viele Gedanken. Vielleicht wird es sogar angenehm, Beltaine hier zu verbringen."

„Glaubst du das wirklich?", fragte Oisín ungläubig.

„Nein, nicht wirklich, aber ich würde es gerne glauben", entgegnete Finn, der Oisín nicht belügen wollte.

„Es war ein Fehler herzukommen."

„Wir hatten keine Wahl."

5. Der Tem

Am nächsten Morgen, den Finn und die anderen, teils mit mehr Schmerzen begingen, waren die Vorbereitungen zum jährlichen Beltaine Fest in vollem Gange. Die Menschen stapelten Holz in der Mitte des Anwesens. Die Frauen bereiteten allerlei Speisen vor. Ihre Haare waren mit Bändern und Blumen geschmückt. Die Kinder spielten ausgelassen im Burghof. Die Reisenden durften den Tag damit zubringen, Emhain Mhacha genauer kennen zu lernen. Man behandelte sie freundlich und zeigte ihnen die Schmiede und den Ort, wo Stoffe gewebt und gefärbt wurden. Sie durften sogar einen Blick auf Loch na Séad werfen und die Felder, die Emhain Mhacha umgaben, betrachten. Man ließ sie jedoch keinen Moment aus den Augen. Culann war ihr ständiger Begleiter und er war sicherlich nicht der einzige Krieger der Uladh, der ständig ein Auge auf die Reisenden warf. Laoise und Ríoghnach bat man ein langes rotes Léine zu tragen, da das in Ulaidh an Beltaine angeblich so üblich war. Laoise fühlte sich sichtlich unwohl in diesem Gewand und selbst für Ríoghnach war es eine Spur zu auffällig.

Beltaine markierte das Ende des Winters, das Ende der Dunkelheit. Die Welt erstrahlte in neuem Licht. Neues Leben entstand. Die Tage wurden nun deutlich länger, die Nächte kürzer. Die Natur präsentierte sich in Anmut und Schönheit. Lange, kalte Winternächte waren vergessen und ein süßer Duft lag in der Luft. Weiße Blumen blühten auf den Hügeln um Emhain Mhacha, die unschuldig und rein, doch gleichzeitig verführerisch auf den Betrachter wirkten. Die Menschen ließen sich von der allgemein guten Stimmung mitreißen.

Nur an Laoise und Oisín ging das alles vorüber. Für sie lag Spannung in der Luft. Es war, als müsste augenblicklich irgendetwas passieren. Die Luft schien nahezu zu vibrieren, wie an einem heißen Hochsommertag. Die anderen spürten diese Spannung nicht oder sie wollten sie nicht spüren. Sie genossen den Tag.

„Alles scheint hier so friedlich zu sein. Man könnte beinahe vergessen, was da draußen vor sich geht", bemerkte Cáilte, in den Moment versunken. Die

...en standen unweit vom Anwesen des Königs und überblickten den ...of.

„Ich kann es nicht vergessen!", meinte Oisín.

„Ich kann es auch nicht vergessen und ich halte unseren Aufenthalt hier auch weiterhin für falsch", sagte Laoise bestimmt.

„Schön, dass sich Laoise und Oisín mal über eine Sache einig sind", meinte Finn, der die Sorge der beiden im Grunde teilte.

„Gut, wenn du behauptest, dass dir hier nichts komisch vorkommt, dann bist du ein Idiot oder ein Lügner. Die werden uns nicht einfach wieder gehen lassen. Wir haben etwas, was Fergus Foga will und das wird er sich nehmen. Du spürst das doch auch", brach es aus Laoise heraus.

Alle starrten Laoise an. Niemand der anderen hätte es gewagt Finn so anzufahren. Ríoghnach sah plötzlich verängstigt aus.

„Ja, ich spüre es auch, aber das ist kein Grund alle Leute verrückt zu machen", sagte Finn verärgert.

„Du schlägst also vor, dass wir so tun sollen, als ob alles in Ordnung ist?", fragte Laoise ziemlich aufgebracht.

„Genau das schlage ich vor", entgegnete Finn. Er war zum ersten Mal wütend über Laoises Verhalten, denn bis jetzt hatte er immer hinter ihr gestanden.

„Gut, dann tun wir jetzt so, als ob alles in Ordnung wäre. Ríoghnach, denkst du nicht auch, dass wir ein paar von diesen Bändern bekommen sollten? Sie passen sicher gut zu unseren roten Léines", sagte Laoise und ging.

„Ríoghnach, das ist eine gute Idee. Geh nur", sagte Finn.

Laoises Worte erschreckten Ríoghnach, denn immerhin hat diese hellseherische Fähigkeiten. Ríoghnach fragte sich, was hier wohl noch schlimmes passieren würde. Sie ging langsam mit Laoise zu den anderen Frauen und sie ließen sich Bänder ins Haar flechten, während Finn zu ihnen hinüber schaute. Was Finn erblickte, gefiel ihm. In seinen Augen flackerte Begierde auf und es war Laoise, die er anschaute, nicht Ríoghnach. Oisín, der was Frauen anging eher unerfahren war, bemerkte das trotzdem.

„Du weißt, dass du kein Recht hast, sie so anzuschauen", sagte er.

„Ja, ich weiß", entgegnete Finn, wie ein kleines Kind dem man sagte, dass es das Feuer nicht berühren soll und sich schließlich doch verbrennt.

Mittlerweile war es Nacht geworden und Beltaine, das Fest des Feuers, hatte begonnen. Die Bewohner von Emhain Mhacha hatten sich kreisförmig um den Holzstapel gestellt. Eine langsame, rhythmische Trommelmusik war zu hören. Die Seherin und der König schritten gemeinsam auf das runde Holzhaus zu. Die Seherin trug ein langes rotes Léine, ähnlich dem, das man Ríoghnach und Laoise gegeben hatte. Um den Hals trug sie einen goldenen Reifen. Ihre lange Haare, die einmal ganz dunkel gewesen mussten, trug sie offen. Fergus Foga trug wieder seinen roten Inar. Er gab sich große Mühe majestätisch zu wirken. Langsam, ganz langsam öffneten Fergus Foga und die Seherin die Tür dieses geheimnisvollen Hauses. Daraus drang ein heller Schein, der von einem Feuer ausging, das in der Mitte des Hauses loderte. An dem Feuer entzündeten der König und die Seherin jeweils eine Fackel. Genau so langsam wie sie den Tempel betreten hatten, verließen die beiden ihn auch wieder. Genau im Takt der Trommeln ging Fergus Foga mit der Seherin auf den Holzstapel zu, den seine Untertanen errichtet hatten. Gemeinsam entzündeten sie das Feuer. Die symbolische Vereinigung des Männlichen und des Weiblichen. Binnen weniger Minuten brannte der Holzstapel lichterloh. Damit war das Geheimnis des runden Hauses gelüftet: Hier bewahrte man das ewige Feuer auf, mit dem an den besonderen Festtagen Beltaine, Lughnasadh, Samhain und Imbolg das Festfeuer entzündet wurde. Alle − auch die Reisenden, die hier eigentlich nicht verweilen sollten − standen um das Feuer, von dem Wärme und Energie ausging. Finn stand direkt neben Laoise.

„Beltaine ist auch das Fest von Danu, der Stammesmutter der Tuatha de Danaan. Die Gaeil fürchten sich vor ihnen. Trotzdem feiern sie heute ihre Gebieterin. Ich finde das merkwürdig. Ich weiß, dass das Gerücht umgeht, dass ich eine der Tuatha de Danaan sei. Deshalb meiden mich die anderen", sagte Laoise, ohne Finn anzuschauen.

„Nein, die anderen meiden dich nicht, weil sie glauben, dass du eine der Tuatha de Danaan bist, sondern weil du kämpfst wie ein Mann und jeden von ihnen jeder Zeit schlagen könntest. Das macht ihnen Angst", meinte Finn.

„Ich weiß nicht. Ich glaube, Oisín könnte ich nicht schlagen", sagte Laoise, die sich nun umdrehte und Finn in die Augen schaute.

„Eigentlich kämpfe ich besser als Oisín und mich hast du geschlagen", wendete Finn ein wenig gekränkt ein.

„Ich habe dich mit unfairen Mitteln geschlagen und die würden bei Oisín versagen."

„Wie meinst du das?"

„Wie ich es gesagt habe. Ich könnte Oisín nicht schlagen. Er ist anders als die anderen. Er ist zu mächtig für mich. In ihm ist etwas sehr Altes, etwas

Unbezwingbares", entgegnete Laoise geheimnisvoll und Finn, der mit den Gedanken ohnehin bei etwas anderem war, glaubte ihr kein Wort.

„Was ich heute Mittag gesagt habe …", fing Laoise an.

„Das mit dem Lügner und dem Idioten?"

„Es tut mir Leid. Ich hatte kein Recht dazu, dass zu sagen."

„Schon in Ordnung", sagte Finn. Am liebsten hätte er Laoise jetzt geküsst. Doch Laoise drehte sich wieder um und sah ins Feuer.

Die Menschen begannen zu tanzen. Selbst Finn, Oisín und Laoise schienen ihre Zweifel an der Richtigkeit ihres Hierseins für einen Augenblick vergessen zu haben. Die Reisenden bekamen alle einen Platz am Tische des Königs. Finn saß rechts neben Fergus Foga und Oisín saß links neben dem König. Ríoghnach bekam den anderen Platz neben Finn und da man von Oisín und Laoise behauptet hatte, sie wären Geschwister, musste Laoise neben Oisín Platz nehmen. Cáilte und Diamuid komplettierten den Tisch an den Enden. Die Uladh gaben sich Mühe gute Gastgeber zu sein, und man gab den Reisenden reichlich zu essen und zu trinken und unterhielt sich angenehm. Die blonde Frau, die die Reisenden die Nacht zuvor in Fergus Fogas Haus gesehen hatten, spielte wieder auf der Harfe. Als sich die Seherin zu Fergus Fogas Tisch begab, geschah jedoch etwas sehr Merkwürdiges: Sie sah Laoise durchdringend an und nahm ihre Hand.

„Du bist wie ich. Du solltest einem König gehören", sagte die Seherin geheimnisvoll.

„Ich gehöre mir selbst", entgegnete Laoise und zog ihre Hand mit Gewalt zurück, sodass die Seherin zurück weichen musste. Sie ging weiter zu Oisín.

„Und du? Du gehörst gar nicht hier hin und du bist ganz sicher nicht ihr Bruder."

Im nächsten Augenblick hielt einer von Fergus Fogas Männern bereits eine Klinge an Laoises Hals.

„Rührt Euch nicht. Ich will Euch nichts Böses. Ich will nur sie", sagte Fergus Foga.

„Sie gehört zu uns", sagte Oisín, der sich über seine eigenen Worte wunderte.

„Mit ihren Fähigkeiten ist sie nur eines Königs wert", entgegnete Fergus Foga bestimmend.

„Ich bin Finn, der rechtmäßige Erbe des Throns von Connacht. Ich beanspruche sie für mich", sagte Finn entschlossen.

Die Menge war überrascht. Ein Flüstern ging umher. Denn ganz Ériu kannte die Geschichte von Finn, dem legendären Führer der Fianna, der bei der Schlacht von An Trá Bhán Ériu so tapfer gegen seine Feinde verteidigt hatte. Jeder kannte allerdings auch die Geschichte von seinem Verschwinden. Wie lang war das nun her? 10 Zyklen? 15 Zyklen? Man war sich allgemein unsicher, ob man den Worten des Fremden Glauben schenken konnte.

„Dann werden wir in einem fairen Kampf um sie kämpfen", schlug Fergus Foga unbeeindruckt vor und gab seiner Wache zu verstehen, Laoise wieder freizugeben.

„Ich kann für mich selber kämpfen. Gebt mir nur ein Schwert!", verkündet Laoise bestimmt.

Laoise, diesmal nicht", sagte Oisín zu ihr und hielt sie fest. Sie wehrte sich, musste jedoch einsehen, dass sie rein kräftemäßig nichts gegen Oisín ausrichten konnte.

„Laoise, ich bezweifele nicht, dass du für dich selbst kämpfen kannst, aber so ist es besser. Finn weiß, was er tut. Du kannst ihm vertrauen", versuchte Oisín sie zu beruhigen.

„Vertrauen? Erzähl mir nichts über Vertrauen. Du traust dir ja nicht mal selbst."

Finn und Fergus Foga schritten zum Kampf. Alle schauten gebannt auf die beiden Männer. Nur Ríoghnach wandte sich ab.

„Ihm wird kein Leid geschehen", sagte Oisín zuversichtlich.

„Woher willst du das wissen?", fragte Ríoghnach verzweifelt.

„Ich weiß es einfach", sagte Oisín, dem es selbst ein Rätsel war, wo er diese Zuversicht her nahm.

Aber tatsächlich gelang es Finn bereits nach wenigen Minuten, Fergus Foga das Schwert aus der Hand zu schlagen. Fergus Foga machte nur ein paar unbeholfene Bewegungen mit seinem Schwert. Finn traf Fergus Fogas Schwert am Griff und es fiel mit einem dumpfen Klirren zu Boden. Was sich zwischen Finn und Fergus Foga abspielte, hatte nicht einmal den Namen Kampf verdient. Die Menge hielt den Atem an. Würde Fergus Foga diese Demütigung einfach hinnehmen? Der König hob sein Schwert wieder auf und atmete einmal tief durch.

„Ich halte mein Versprechen. Sie soll dir gehören", sagte der Fergus Foga. „Wahrscheinlich ist es nicht mal eine Schande dem besten Schwertkämpfer Érius zu unterliegen."

‚Auf diese Weise zu verlieren, ist schon eine Schande', dachte Laoise und konnte sich ein hämisches Lachen gerade noch verkneifen.

„Connacht und Ulaidh waren sich in der Vergangenheit oft uneins. Wir haben unzählige Meinungsverschiedenheiten und sogar einen Krieg hinter uns, den mein Volk – und da wird mir wohl jeder zustimmen – nicht verschuldet hat. Wir gewannen diesen Krieg, aber ein weiteres Zusammenleben war schwer geworden – auch für die Gewinner", sagte Fergus Foga und das Volk bekundete seine Zustimmung.

„Vieles ist verschieden in Connacht und in Ulaidh. In Ulaidh erzählt man sich, dass man in Connacht den alten Göttern trotzt und sie nicht mehr anbeten will. Ich bin sicher, dass man sich in Connacht auch komische Geschichte über die Uladh erzählt. Finn, ich kann Euch versichern: Nur die Hälfte davon ist wahr und die andere Hälfte ist stark übertrieben. In Ulaidh liebt man eben schöne Frauen, Ale und Tanz. Was ist schon dabei?", sagte der König weiter.

„Nichts. Es ist außerdem nicht so, dass wir schöne Frauen, Ale und Tanz in Connacht nicht mögen. So verschieden sind Connacht und Ulaidh nun auch wieder nicht", sagte Finn und die Umstehenden lachten.

„Dass Ihr als Bürger aus Connacht auf dem Weg in den Norden seid, um den alten Göttern zu huldigen, zeigt zumindest, dass Ihr auf dem richtigen Weg seid. Sicherlich werden die alten Göttern Euch bei Euren Problemen in Connacht helfen."

„Ja, sicherlich", bekräftigte Finn schnell, der unweigerlich daran denken musste, dass Ulaidh – wie auch die anderen Provinzen – Connacht keine militärische Hilfe leisten wollte, als Donn darum gebeten hatte. Finn fand es lächerlich, dass einige Menschen tatsächlich glaubten, durch das Anbeten irgendwelcher Steine könnten sie wirklich etwas bewirken. Aber was war es, dass Connacht und Ulaidh so verschieden gemacht hatte? Es war der verlorene Krieg gewesen. Er hatte die althergebrachten Herrschaftsstrukturen in Connacht zerstört. Freilich war Connacht auch nach dem Krieg gegen die Uladh noch eine Königsherrschaft, aber vieles andere änderte sich. Der Rat von Cruachan Aí wurde nach dem Vorbild des Hohen Rates in Temair geschaffen. Bei wichtigen Entscheidungen musste sich der König zuerst mit dem Rat treffen. Er musste ihn anhören. Das war die Bedingung, die das Volk von Connacht an Amhalgadh, den Nachfolger von Königin Medb, für den Erhalt der Königsherrschaft gestellt hatte. Das Volk wollte seine Vertretung haben. Es hatte keine Lust mehr, sich noch einmal auf einen Rachefeldzug einer geistesschwachen Königin oder eines Königs einzulassen. Amhalgadh, der ein weiser Mann war und einen Bürgerkrieg vermeiden wollte, nahm den Vorschlag des Volkes an. Aber nicht nur der König büßte an Macht ein, auch die Druiden verloren an Einfluss. Sie hatten während des Krieges eine unheilvolle Rolle gespielt. Sie hatte Königin Medb nämlich einen Sieg gegen die Uladh prophezeit. Das Volk fühlte sich daher von ihnen hintergangen. Fortan hatte man in Connacht keine Lust mehr Steine anzubeten.

„Wir haben immer noch Beltaine. Das heißt es wird gefeiert!", rief Fergus Foga als letztes seinem Volk zu.

Die Menge jubelte und Fergus Foga reichte Finn die Hand.

„Für Euch, Finn, Sohn von Cumhal, bedeutet Beltaine, dass Ihr die Nacht mit Eurer neuen Errungenschaft verbringen werdet. Und zwar im Tempel des ewigen Feuers. Das ist eine besondere Ehre. Die Kinder, die in der Beltaine Nacht gezeugt werden, werden starke und besonnene Krieger. Sicher wurdet Ihr auch in einer Beltaine Nacht gezeugt", sagte Fergus Foga.

Laoise und Ríoghnach waren schockiert, der Rest zeigte sich eher amüsiert.

„Ihr missversteht das", wendete Finn ein.

„Was gibt es da misszuverstehen? Wollt Ihr sie jetzt doch nicht?", fragte Fergus Foga Hoffnung schöpfend.

„Doch natürlich will ich sie", entgegnete Finn, der sich entschlossen hatte mitzuspielen oder dem die Vorstellung, eine Nacht mit Laoise zu verbringen, vielleicht nicht missfiel.

Es wurde wieder ausgelassen getanzt, gefeiert und getrunken. Finns Männer ließen sich von der Menge mitreißen und der eine oder andere trank über den Durst hinaus. Nur Laoise und Ríoghnach waren in der Menge nicht auffindbar. Finn erblickte sie schließlich auf der anderen Seite des Feuers. Sie schienen sich zu streiten. Er konnte aber nicht hören über was.

„Ríoghnach, ich will ihn doch gar nicht. Das musst du mir glauben!", sagte Laoise.

„Mir fällt es schwer, das zu glauben. Wie würdest du dich an meiner Stelle fühlen", wendete Ríoghnach ein.

„Ganz schrecklich wahrscheinlich. Hör zu, ich will ihn nicht, weil ich an jemand anderem interessiert bin. Leider hasst er mich", gab Laoise zu.

„Oisín? Du hast dich in ihn verliebt?", fragte Ríoghnach mehr als überrascht.

„So würde ich das nicht nennen. Aber er hat etwas Besonderes an sich. Er ist anders als die anderen. Ich wünschte, wir würden besser miteinander auskommen", sagte Laoise mit verlegenen und ehrlichen Augen.

Laoise war an Oisín interessiert? Diese Geschichte hörte sich für Ríoghnach ziemlich unglaubwürdig an. Doch wäre sie nicht wahr, dann wäre Laoise bestimmt etwas überzeugenderes eingefallen, dachte sich Ríoghnach.

„Na gut. Ich glaube dir", sagte sie nachdem sie eine Weile überlegt hatte.

Ríoghnach schaute hinüber zu Finn, der auf der anderen Seite des Feuers stand. Er winkte ihr, zu ihm herüber zu kommen.

„Laoise, versprich mir, dass in dieser Nacht nichts passieren wird. Ich könnte es nicht ertragen."

„In dieser Nacht wird nichts passieren. Ich verspreche es."

Ríoghnach ging zu den anderen und ließ Laoise alleine.

Allerdings blieb Laoise nicht lange allein, denn die Seherin gesellte sich zu ihr.

„Geh' fort. Ich möchte nicht mit dir reden. Du hast mich verraten", sagte Laoise zornig.

„Ich habe nur das getan, was mein König von mir verlangt", entgegnete die Seherin.

„Kannst du nicht deine eigenen Entscheidungen treffen?", fragte Laoise verärgert.

„Nein, das kann ich nicht. Ich konnte es einmal, aber das war bevor der König meine Gabe entdeckt hat."

„Wo kommst du her?", fragte Laoise. Die Worte hatten ihr Mitleid erweckt.

„Ich bin hier geboren. Einige behaupten, dass ich Tuatha de Danaan Blut in mir habe. Ich glaube das jedoch nicht", antwortete die Seherin langsam.

„Das glaube ich auch nicht", pflichtete Laoise ihr bei. Sie musterte die in die Jahre gekommene Frau, die so gar nicht das war, was man sich allgemein unter einer Tuatha de Danaan Frau vorstellte. Natürlich war es nicht ausgeschlossen, das die Seherin Tuatha de Danaan Blut in sich trug. Ein Halbblut war vor dem Altern nicht gefeit, auch wenn es ein wenig langsamer vonstatten ging.

„Bist du froh, dass Finn gewonnen hat?", fragte die Seherin

„Natürlich bin ich froh!"

„Dass er jung und stark ist, wird die Sache nicht besser machen", gab die Seherin zu bedenken.

„Ich habe keine Ahnung, wovon du redest", sagte Laoise.

„Ich denke, du weißt es genau. Du weißt selber, wie er dich anschaut. Ich kann dir nur raten dich nicht zu wehren, damit machst du es nur schlimmer", sagte die Seherin, die Laoise wirklich helfen wollte.

„Du bist doch wirr im Kopf."

„Mag sein, aber ich weiß, dass selbst wenn sich Finn nicht an dir vergreift, die Geschichte für dich nicht gut ausgehen wird. Finn wird dein Verderben sein. Wenn du mit ihm gehst, wirst du sterben. Im Grunde ist es ein großes Unglück für dich, dass er den Kampf gewonnen hat. Hier hättest du wenigstens leben können", sagte die Seherin emotionslos.

„Ich werde auch so leben und ich werde Emhain Mhacha brennen sehen. Fergus Foga wird der letzte der Uladh sein, der sich der König von Ulaidh nennen kann", sagte Laoise erbost und verließ die Seherin. Sie stellte sich zu den anderen ans Feuer und machte damit ihre Entscheidung deutlich.

Das Fest Beltaine neigte sich nun seinem Höhepunkt zu. Ganz Emhain Mhacha hatte begonnen zu tanzen. Die Frauen hielten in beiden Händen eine Fackel. Die Männer dagegen hatten keine Fackeln – noch nicht. Alle tanzten um das Feuer. Funken sprühten und verglühten in der Nacht. Die blonde Harfenspielerin hatte begonnen, ein altes Lied zu singen. Die Flammen züngelten und zischten. Wie in Trance bewegten sich die Gestalten um das Feuer. Weiche fließende Bewegungen, wie Korn das vom Wind gebogen wird. Eine ganze Welt drehte sich um die Flammen. Einige Frauen gaben eine ihrer Fackel an einen der Männer ab. Paarweise verließen die Tanzenden das Feuer und verschwanden in der Dunkelheit. Cáilte und Diarmuid, die glaubten dieses Spiel verstanden zu haben, mischten sich unter die tanzende Menge, bis auch sie eine Fackel in den Händen hielten. Finn schaute Oisín auffordernd an und deutete mit seinem Becher auf die Menge. Doch Oisín schüttelte den Kopf.

„Oisín, mit dir stimmt doch irgendwas nicht. Also ich würde, wenn ich nicht sowieso schon genug Schwierigkeiten hätte", sagte Finn und schaute hinüber zu Laoise und Ríoghnach, die sich mit Fergus Foga unterhielten.

„Wir sind eben verschieden. Und was soll an diesem Beltaine eigentlich so besonders sein?", entgegnete Oisín.

„Es war Beltaine als die Gaeil die Tuatha de Danaan schlugen. Als die Tuatha de Danaan die Fomoire für immer aus Ériu verbannten war ebenfalls Beltaine. Und als die Firbolg von den Tuatha de Danaan geschlagen worden sind, war ..."

„War Beltaine. Ich weiß. Die Tuatha de Danaan hatten fliegende Schiffe, aber sie konnten nicht in Ériu landen, weil die Firbolg ein riesiges unsichtbares Schutzschild über Ériu gespannt hatte. Die Tuatha de Danaan sind neunmal um Ériu gerudert – oder müssten sie nicht eigentlich geflogen sein? – dann haben sie eine Lücke, in dem unsichtbaren – und ich betone das Wort unsichtbar – Schild gefunden und sind bei Sliabh an Iarainn gelandet. Du willst doch nicht behaupten, dass du das glaubst?"

„Ich brauche es nicht zu glauben, ich weiß, dass es wahr ist – auf eine gewisse Weise"

„Auf eine gewisse Weise?"

„Jede Geschichte hat ihren wahren Kern."

„Ja, und bei dieser Geschichte wird man lange danach suchen."

„Oisín, du bist seltsam. Du bist nicht leicht zu beeindrucken. Das ist gut. Dir macht keiner so schnell etwas vor. Aber du nimmst alles zu ernst. Im Leben gibt es sehr wenig, was man ernst nehmen sollte."

„Es ist spät. Ich wünsche dir eine gute Nacht", sagte Oisín und ging.

Allmählich wurde es um das Feuer leer. Fergus Foga kam mit den beiden Frauen zu Finn herüber.

„Finn, man wird Euch und Laoise nun zum Teach Na Tine, dem Tempel des Feuers, bringen", verkündete Fergus Foga, der beim Anblick Laoises erneut bereute, dass er den Kampf gegen Finn verloren hatte.

Laoise und Finn wurden von den anderen getrennt und zu dem Tempel gebracht. Wie im Haus des Königs, so gab es auch im Teach Na Tine rote Wandmalereien. Verschlungene rote Spiralen säumten die Wände des Tempels. Das ewige Feuer brannte in der Mitte in einer kreisrunden Feuerstelle. Kreisrund war auch die Öffnung im Dach, durch die der Rauch abzog. Durch den Schleier des Rauchs sah Laoise über sich am Himmel verschwommen die Sterne. Sie hatten ihre Anmut in der Trübe verloren. Ihr Licht war blass und kraftlos.

Es gab fünf Fenster, durch die hell der Vollmond schien. Laoise bedeckte vier der Fenster mit den Tierhäuten, die dafür vorgesehen waren. Das fünfte ließ sie offen, um noch etwas hinauszuschauen. Finn, der mittlerweile ziemlich betrunken war, setzte sich auf das Bett, das neben dem Feuer stand.

„Worüber hast du mit Ríoghnach gesprochen?", fragte Finn.

„Was meinst du, über was wir geredet haben?", entgegnete Laoise, die Finn immer noch den Rücken zugewandt hatte, kühl.

„Und was hast du ihr gesagt?", fragte Finn.

„Ich habe ihr gesagt ... Ich habe ihr gesagt, dass ich dich nicht will. Was hier geschieht, geschieht ohne mein Einverständnis", sagte Laoise. Sie versuchte nüchtern und kalt zu klingen.

„Aber hier geschieht doch gar nichts", sagte Finn, der für den Moment nicht wusste, ob er sich das selber glauben konnte.

„Ich weiß, wie du mich ansiehst, wenn du denkst, dass es keiner merkt", sagte Laoise und drehte sich langsam um

Finn erschrak. Er hatte nicht gedacht, dass Laoise sein Interesse an ihm bemerkt hatte. Laoise sah viel, zu viel. Finn fühlte sich ertappt. Er blickte sie an und bemerkte, dass sie Tränen in den Augen hatte.

„Es tut mir Leid. Ich hatte kein Recht dazu", sagte Finn. Laoise schloss ihre Augen.

„Ich könnte dir nichts antun, was du nicht willst."

Finn wollte sie berühren, sie trösten, erkannte aber, dass das wohl genau das falsche gewesen wäre. Er beschloss ihr ein paar Minuten Zeit zu geben, um sich wieder zu fangen. Schließlich sagte Finn, eher um das Thema zu wechseln als wirklich interessiert:

„Du hast gesagt, dass Oisín nicht der ist, der er vorgibt zu sein."

„Und weil die Seherin des Königs nun das gleiche gesagt hat, glaubst du mir plötzlich?", fragte Laoise wieder einigermaßen gefasst.

„Nein, so ist es nicht."

„Gut, denn da ist nichts Besonderes an Oisín. Ich habe mich geirrt."

„Irgendwie glaube ich dir nicht", sagte Finn auf einmal doch interessiert.

„Es geht dich nichts an, Finn. Was an Oisín anders als an den anderen ist, hat nichts mit dir oder unserem Vorhaben zu tun."

„Gut. Das genügt mir vollkommen."

„Gut."

„Ich sollte jetzt vielleicht gehen", sagte Finn.

„Vielleicht solltest du das."

Finn verließ den Tempel und Laoise schaute wieder zum Fenster hinaus. Was bis jetzt in der Nacht vorgefallen war, hatte die Beziehung der beiden belastet. Finn konnte nicht verstehen, dass Laoise tatsächlich geglaubt hatte, dass er ihr etwas antun wollte. Auf der anderen Seite verstand Laoise nicht, weshalb Finn sie überhaupt so angesehen hatte. Sollte er nicht spüren, wie falsch das war?

Bis auf den hell scheinenden Vollmond, der alles in ein fades Licht tauchte, war es draußen dunkel. Die Bewohner von Emhain Mhacha hatten alle

Lichter gelöscht. Plötzlich sah Laoise wie eine Gestalt zwischen den Holzbauten hindurch huschte. Einige Minuten später klopfte es an die Tür des Tempels. Laoise öffnete und erblickte zu ihrer Verwunderung Oisín.

„Ist Finn bei dir?", fragte dieser.

„Nein", antwortete Laoise bestimmt.

„Dann ..."

„Nein!", antwortete Laoise sehr entschieden. „Wahrscheinlich ist er bei Ríoghnach. Ich würde es mal dort probieren."

„Nein. Ich muss mit dir reden", sagte Oisín vorsichtig.

Laoise, ein wenig überrascht, gab Oisín ein Zeichen, dass er hinein kommen sollte.

„Laoise, sag mir, wer ich bin. Ich muss es wissen. Ich weiß, dass ich anders bin als die anderen und du kennst die Antwort", stürmte Oisín sofort auf sie ein.

„Zieh den Inar aus", sagte Laoise, die von den Ereignissen der Nacht immer noch mitgenommen war und überhaupt nicht merkte, wie man diese Aufforderung deuten konnte.

„Was?", reagierte Oisín verständnislos.

„Du hast ein Mal auf deiner Schulter?"

„Ja", entgegnete Oisín und zog seinen Inar nun doch aus.

Laoise betrachtete das Mal. Es bestand aus zwei Balken, die gerade zu einander verliefen. Die Balken wurden von einem dritten gekreuzt und in der rechten oberen Ecke befand sich ein Kreis.

„Hast du das schon solange du denken kannst?", fragte Laoise weiter.

„Ja", antwortete Oisín. Er hatte beschlossen ehrlich zu sein und seine feindselige Haltung gegenüber Laoise wenigstens für den Moment aufzugeben.

Laoise schaute ihn sorgenvoll an.

„Was ist es nun? Sag mir was du weißt!"

„Also gut. Du kommst da her, wo Ríoghnach auch herkommt. Du kommst aus dem Königreich Tír fa Tonn. Du bist ein Firbolg."

„Das ist nicht alles, oder?", fragte Oisín, den diese neue Erkenntnis nicht zu erschrecken schien. Im Grunde fühlte er sich sogar etwas erleichtert, denn er hatte Angst, dass er für Ríoghnach gewisse Gefühle entwickelt hatte. Aber die seltsame Vertrautheit, war wohl nur auf ihre gemeinsame Herkunft begründet. Zumindest war es das, was Oisín hoffte.

„Nein. Das Zeichen, das du auf der Schulter hast, ist ein Verbannungszeichen. Im Königreich Tír fa Tonn glaubt man, dass Schuld vererbbar ist. Deine Eltern müssen eine Straftat begangen haben", sagte Laoise.

„Was bedeutet das? Was ist mit ihnen geschehen?", fragte Oisín nun nicht mehr so gefasst wie zuvor.

„Wahrscheinlich wurden sie getötet und dich hat man an die Oberfläche verbannt. Es tut mir Leid", sagte Laoise.

Oisín sah in ihren Augen, dass sie jedes Wort so meinte, wie sie es gesagt hatte und zum ersten Mal sah er Laoise in einem anderen Licht.

„Schon gut", entgegnete Oisín schnell, dem es unangenehm war, dass man ihm so viel Sympathie entgegenbrachte. Was ihn verunsicherte, war nicht, dass diese Sympathie von Laoise kam, sondern die Tatsache, dass sie überhaupt da war. In seinem bisherigen Leben war man Oisín selten mit Wohlwollen entgegengekommen. Er hatte sein ganzes Leben in Cruachan Aí verbracht, aber er war immer wie ein Fremder behandelt worden.

„Schon gut?", fragte Laoise, die bemerkt hatte, was in Oisín vor sich ging.

„Ja! Ich kann nichts mehr daran ändern. Woher weißt du das alles eigentlich?", fragte Oisín, doch eigentlich wollte er die neuen Erkenntnisse über seine Herkunft irgendwo tief in sich vergraben.

„Ich wusste es bereits, als ich das erste Mal gesehen habe. Ich habe dich angesehen und wusste es. Ich habe keine Erklärung dafür."

„Sieht so aus als wäre Schuld nicht das einzige, was vererbbar ist. Du hast eine Menge von deinem Vater in dir", stellte Oisín fest.

„So ein Unsinn. Schuld ist nicht vererbbar. Was auch immer deine Eltern getan haben, du bist nicht verantwortlich dafür."

„Eines wissen wir jetzt. Ich bin im Königreich Tír fa Tonn nicht willkommen. Sieht so aus, als wären wir hier wirklich auf dich angewiesen", sagte Oisín nüchtern die Lage beurteilend.

„Deshalb bin ich mit euch gekommen. Wirst du es Finn sagen?", fragte Laoise.

„Nein. Ich denke, ich werde es niemandem sagen", entgegnete Oisín.

„Von mir wird es niemand erfahren, wenn es das ist, was du willst. Ich denke jedoch, dass deine Herkunft keine Schande ist. Finn würde es verstehen. Er ist kein schlechter Mensch", gab Laoise zu bedenken.

Es klopfte an der Tür.

„Wer ist da?", fragte Laoise erschrocken.

„Cáilte", antwortete dieser.

Laoise öffnete und blieb in der Tür stehen.

„Wir wollen noch vor Sonnenaufgang los, aber wir können Oisín nicht finden", sagte Cáilte außer Atem.

„Er ist bei mir", sagte Laoise und öffnete die Tür ganz.

„Dann ist ja alles – bestens. Dann können wir los", sagte Cáilte, der den sich wieder ankleidenden Oisín fassungslos anstarrte.

„Hier ist nichts passiert", sagte Oisín bestimmt.

„Ich habe auch nichts gesagt", bemerkte Cáilte herablassend.

Das Verhältnis zwischen Oisín und Cáilte war kompliziert. Cáilte war um einige Zyklen älter als sein Ziehbruder und der offizielle Erbe von Ronan. Trotzdem war Oisín der bessere Kämpfer und wurde deshalb von Finn klar bevorzugt. Für beide war diese Situation nicht einfach und nach Cáiltes Beobachtung war sie noch schwieriger.

Laoise und die beiden Männer gingen zum Tor von Emhain Mhacha, wo sie die anderen trafen. Finn hatte den Arm um Ríoghnach gelegt. Er vermied es, Laoise auch nur anzusehen.

„Nun, da wir alle hier sind, können wir weiterziehen, bevor es sich Fergus Foga anders überlegt", sagte Finn verunsichert.

„Der Karte nach ist es noch ein ganzes Stück bis wir an unserem Ziel sind. Wir müssen zuerst Loch nEachach erreichen. Dann werden wir uns am Fluss An Bhana orientieren. Wir folgen dem An Bhana bis er ins Meer mündet. Dann werden wir der Küste nach Osten folgen."

„Und dann?", fragte Diarmuid.

„Dann werden wir auf eine Bucht mit Steinen treffen, die ins Meer führen", sagte Finn.

Oisín bemerkte Finns Unsicherheit. Er fragt sich, ob in der Nacht doch etwas vorgefallen war und Finn sich jetzt dafür schuldig fühlte. Laoise, die sonst immer so gefasst war, hatte jedenfalls einen ziemlich verstörten Eindruck auf ihn gemacht. Mittlerweile hatte es angefangen zu dämmern. Sie machten sich wieder auf den Weg nach Norden.

6. Das Königreich Tír fa Tonn

Die weitere Reise verlief zunächst in gewohnten Bahnen. Oisín und Laoise ließen keine Gelegenheit aus, ihre Antipathie zur Schau zu stellen. Finn versuchte so gut es ging zu vermitteln. Insgesamt schienen die Männer jedoch besser mit Laoise zurecht zu kommen. Es war Finns Entscheidung gewesen, sie mitzunehmen und Cáilte und Diarmuid fanden sich damit ab.

„Ich weiß nicht, was die für ein Problem miteinander haben. Und statt besser zu werden, wird es immer noch schlimmer. Immer noch ein wenig schlimmer", sagte Finn verzweifelt.

„Vielleicht solltest du einen von beiden heim schicken", schlug Ríoghnach vor und dachte dabei sicherlich nicht an Oisín.

„Das kann ich nicht. Ich brauche sie beide. Oisín ist einer der besten Schwertkämpfer von Connacht, wahrscheinlich von ganz Ériu. Auf ihn kann ich unmöglich verzichten. Und auf Laoise kann ich eigentlich noch weniger verzichten. Sie hat das innere Auge. Eine Gabe die uns noch nützlich sein wird."

„In Emhain Mhacha hat ihre Gabe ein wenig versagt, oder? Sie hat nicht kommen sehen, was Fergus Foga ihr antun wollte."

„Doch, das hat sie. Nur haben wir nicht auf sie gehört", entgegnete Finn.

„Wie du meinst, dann wirst du mit Oisíns und Laoises Streitereien leben müssen. Sieh es doch mal so. Im Grunde ist das doch ein gutes Training. So kannst du dich auf die Rolle des Königs und Vermittlers vorbereiten."

„Ich weiß nicht, ob ich das will", meinte Finn ernst.

„Was denn?", fragte Ríoghnach

„König werden. Ich weiß gar nicht, ob ich das kann."

„Dann solltest du dir besser schnell darüber klar werden. Denn ich weiß nicht, was wir ansonsten hier tun, wenn du nicht bereit bist, den Thron deines Vaters einzunehmen", sagte Ríoghnach enttäuscht.

Da Oisín zu ihnen herüberkam, brachen sie die Unterhaltung ab.

„Was gibt es?", fragte Finn, dem diese Unterbrechung gerade recht kam.

„Ich glaube, wir haben es gefunden", unterrichtete ihn Oisín, der ein wenig vorgegangen war, um die Umgebung zu erkundschaften.

„Gut. Wir kommen gleich", sagte Finn und Oisín ging zurück zu den anderen.

„Sie vertrauen dir", sagte Ríoghnach.

„Ja, ich weiß nur nicht, ob ich ihr Vertrauen verdiene", entgegnete Finn.

„Das ist doch Unsinn. Warum solltest du ihr Vertrauen nicht verdienen?"

„Glaub' mir, dafür gibt es mehr als nur einen Grund", sagte Finn. Er ging langsam zur Küste und ließ Ríoghnach darüber im Unklaren, was genau er damit meinte.

„Wie ihr wisst, hat sich Laoise dazu bereit erklärt, mit dem König des Königreiches Tír fa Tonn zu verhandeln. Ich glaube, dass Laoise diese Aufgabe erfüllen wird, aber ich möchte nicht, dass sie alleine geht. Oisín, ich möchte, dass du mit ihr gehst", sagte Finn, der die Hoffnung hatte, sein Problem würde sich von alleine lösen, wenn Oisín und Laoise ein wenig Zeit ohne Publikum miteinander verbrächten.

Oisín, der seine Augen nicht von der seltsam geformten Küste abwenden konnte, erschrak innerlich, doch noch bevor er irgendetwas dazu sagen konnte, warf Laoise ein:

„Ich werde auf keinen Fall mit ihm gehen. Ich gehe lieber alleine!"

„Laoise, du bist auf seine Hilfe angewiesen. Ich würde an seiner Stelle mit dir gehen, aber ich kann nicht", erklärte Finn.

„Ich bin auf niemandes Hilfe angewiesen und erst recht nicht auf seine", entgegnete Laoise energisch.

„Finn, bei allem Respekt, aber mit der würde ich gar nicht mitgehen wollen. Du kannst das nicht von mir verlangen", sagte Oisín.

„Gut. Dann wird Cáilte mit Laoise gehen, wenn er damit einverstanden ist", entschied Finn, der durch Oisíns Verhalten irritiert war. Was war nur los mit Oisín, für den doch sonst keine Gefahr zu groß war? So groß konnte seine Antipathie gegen Laoise doch gar nicht sein.

„Wenn anderen hier der Mut versagt, werde ich diese Aufgabe gerne übernehmen", verkündete Cáilte bissig, der, seit er Oisín und Laoise an Beltaine zusammen gesehen hatte, nicht mehr allzu viel von seinem Ziehbruder hielt.

„Laoise, bist du damit einverstanden?", fragte Finn und Laoise nickte ihm zu.

„Dann ist es beschlossen."

Die Reisenden betrachteten das Meer und diskutierten darüber, wie man am besten hinunter gelangte. Sie blickten auf eine kleine Bucht. Die Küste fiel steil nach unten ab. Unterhalb der schroffen Küste befanden sich merkwürdige geformte Steine. Treppenartig führten sie ins Meer. Wenn man erst einmal die hohen Klippen überwunden hatte, schien der weitere Weg ganz einfach zu sein. Die See war jedoch wild und unruhig. Die Wellen brachen laut gegen die Klippen. Man hatte das Gefühl, dass die Wellen alles verschluckten, was ihnen zu nahe kam. Oisín stand abseits von den anderen und betrachtete die Steine, die den Zugang zum Tír fa Tonn bilden sollten. Der Ort schien ihm seltsam vertraut. Und in Anbetracht der Umstände war das ja auch nicht weiter verwunderlich. Denn glaubte man den Worten Laoises – und das tat Oisín – dann musste er schon einmal hier gewesen sein. Laoise kam zu ihm herüber.

„Sieht so aus, als ob es sie doch geben würde", sagte sie.

„Was denn?", fragte Oisín.

„Na, die heiligen Steine von Galláin na Trá."

„Die hatte ich fast vergessen", log Oisín, der als er sich die heiligen Steine von Galláin na Trá ausgedacht hatte, genau das vor seinem geistigen Auge hatte, was er nun wirklich erblickte.

„Für mich sehen die Steine so aus, als ob sie den Namen Galláin na Trá verdient hätten."

„Wie werdet ihr es anstellen?"

„Finn meint, man müsse die Steilküste hinunterklettern und dann von diesen stufenartigen Felsen ins Wasser springen."

„Ich würde ...", fing Oisín an.

„Mitkommen, wenn du könntest? Ja, ich weiß. Ich weiß, dass es dir nicht an Mut fehlt. Aber wissen die anderen das auch? Du solltest es ihnen sagen. Sie werden es verstehen."

„Cáilte wird es nicht verstehen."

„Das kannst du nicht wissen."

Oisín starrte weiter aufs Meer hinaus.

„Ich wünsche dir Glück", sagte Oisín. Er wusste einfach nicht, was er anderes sagen sollte.

„Danke."

Laoise nickte Oisín nur kurz zu und ging dann zurück zu den anderen. Oisín schaut ihr nach. Die anderen redeten noch eine Weile. Finn schien Laoise und Cáilte zu erklären, auf was sie zu achten hatten. Auch Ríoghnach sagte ein paar Worte. Dann begannen Laoise und Cáilte auch schon, die Klippen hinunterzuklettern. Die Steine waren schwarz wie Kohle. So als wären sie durch ein gewaltiges Feuer verbrannt worden. Langsam kletterten Cáilte und Laoise den Weg entlang, den Finn ihnen beschrieben hatte. Die anderen schauten ihnen nach und entzündeten auf den Klippen ein Feuer. Das schwarze Gestein, das Laoise vorsichtig mit ihren Fingern abtastete, wies unzählige Risse auf. Es schien irgendwie schief aus dem Wasser zu ragen, gerade so als könnte es jeden Augenblick dorthin zurückstürzen. Laoise redete sich ein, dass dieser Gedanke lächerlich sei. An diesen Felsen hatte sich wahrscheinlich seit hunderten von Zyklen nichts geändert. Warum sollten sie gerade jetzt ins Meer fallen? Sie hielt einen Moment inne. Dann siegte die Vernunft über die Emotion, so wie es bei Laoise meistens der Fall war. Tapfer kletterte sie Cáilte weiter nach, bis die beiden schließlich die treppenartigen Steine erreichten.

Cáilte maß dieser Mission eine hohe Bedeutung zu, da er glaubte hier beweisen zu können, dass er mindestens ebenso viel Mut besaß wie Oisín. Gemeinsam schritten Cáilte und Laoise die steinernen Stufen hinunter. Von der letzten Stufe schauten sie sich noch einmal um. Finn, Ríoghnach und Diarmuid standen auf der Klippe. Oisín konnten sie nicht sehen. Finn winkt den beiden zu. Dann sprangen Cáilte und Laoise hintereinander in die Tiefe.

Oisín, der Cáilte und Laoise aus sicherer Distanz ebenfalls beobachtete, hatte sich in seinem ganzen Leben noch nie so hilflos gefühlt. Er hatte keine Möglichkeit in das Geschehen einzugreifen. Er konnte einfach nur warten und hoffen, dass das Schicksal seinem Bruder und Laoise wohl gesonnen war. Schicksal? Seit wann glaubte Oisín an so seltsame Dinge wie das Schicksal?

Laoise schlug unsanft auf der Wasseroberfläche auf. Ein Rauschen, tausende kleine Bläschen, die langsam aufstiegen, ein stumpfes Licht, das immer mehr verblasste, ein leises Summen und schließlich: Stille. Als Laoise wieder zu sich kam, lag sie am Fuße der Balla Mhór. Sie schlug die Augen auf und das erste was sie erblickte, war das blaue Meer über ihr. Es schien nicht weit weg zu sein. Fast so als könnte man es mit den Fingern berühren, wenn man seine Hand ausstreckte. Laoise drehte ihren Kopf zur Seite. Cáilte lag neben ihr. Er war noch bewusstlos. Geblendet von einem seltsamen blauen Licht bemerkte Laoise zunächst nicht, dass mehrere Gestalten um sie herum standen. Diese waren in lange weiße Gewänder gekleidet und schienen sehr groß zu sein. Sie sahen aus wie Statuen. Zumindest sahen sie zu makellos aus, um menschlich zu sein. Laoise fragte sich noch ganz benommen, ob alle Firbolg blond und blauäugig waren. Auch fragte sie sich, ob die Tuatha de Danaan, den Titel des schönen und gefährlichen Volkes Érius nicht zu unrecht trugen. Dann erinnerte sie sich daran, warum sie eigentlich hier war. Laoise richtete sich auf und war regelrecht erleichtert, dass sie nicht kleiner als die Firbolg war.

„Willkommen im Reich der Firbolg. Ich bin Asal", sagte eine der Gestalten freundlich.

„Ich bin Laoise von den Gaeil. Ich muss zu Conall, Eurem König."

„Was willst du von ihm?", fragte Asal neugierig.

„Ich muss mit ihm verhandeln", erklärte Laoise.

„Was könntest du Conall schon anbieten?", fragte einer der Firbolg.

„Bitte, es ist sehr wichtig. Das Schicksal Érius hängt davon ab", sagte Laoise.

Asal verschwand vor Laoises Augen, während die anderen weiterhin um sie versammelt standen. Laoise erschrak nicht, denn sie war darauf gefasst, im Königreich Tír fa Tonn auf seltsame Dinge zu treffen. Sie fühlte sich seltsam. Das Atmen fiel ihr schwer und ihre Glieder schmerzten fürchterlich.

„Das ist die fremde Umgebung. Du wirst dich wahrscheinlich bald daran gewöhnen", erklärte einer der Firbolg

Laoise blickte sich langsam um. Sie musste unweigerlich wieder nach oben schauen. Dort wo das Meer nicht zu sehen war, hingen Steinkegel von der Decke herab, die aussahen wie Eiszapfen im Winter. Aus dem Boden ragten dieselben Zapfen empor, die sich wie lange Speere der Decke entgegenstreckten. Alles um Laoise herum blitzte und funkelte, so als wäre ihre Umgebung mit dünnem Eis bedeckt.

Cáilte erlangte nun das Bewusstsein ebenfalls wieder.

„Was ist geschehen?", fragte er benommen.

„Es ist alles in Ordnung", entgegnete Laoise beruhigend.

Als Asal plötzlich wieder auftauchte, erschreckte sich Cáilte so sehr, dass er beinahe wieder zu Boden fiel.

„Der König wird Euch empfangen", verkündete Asal.

„Ich danke Euch sehr", sagte Laoise und senkte ihre Augenlider.

Sie wurden von Asal zum König geführt. Die Umgebung erschien merkwürdig, selbst für jemanden, der im geheimnisvollen Wald Garrán Dubh aufgewachsen war. Bei dem Königreich Tír fa Tonn schien es sich um ein Höhlengeflecht zu handeln. Laoise blickte abermals zur Decke und sah ganz weit über sich das blaue Meer Es war als ob sich das Tír fa Tonn in einer riesigen Blase befinden würde. Das Meer war nun viel weiter entfernt als eben an der Balla Mhór. Es sah genauso aus, als ob man von einem hohen Kliff aufs Meer blicken würde, nur eben verkehrt herum. Laoise fragte sich, warum das Meer nicht auf sie herabstürzte. Asal bemerkte ihre Verwunderung.

„Auf diese Frage habe ich auch keine Antwort", sagte er lächelnd, als ob Laoises Gedanken ein offenes Buch wären.

Asal führte Laoise und Cáilte weiter durch das Labyrinth von Gängen, die langsam immer enger wurden. Gerade als sich Laoise zu fragen begann, ob Asal sie überhaupt an irgendein Ziel führte, tat sich vor ihnen eine gewaltige Halle auf. Laoise blickte auf riesige Terrassen, die aussahen wie die Treppenstufen eines Riesen. Die einzelnen Terrassen waren mit grünen Pflanzen bewachsen, die Laoise für Nutzpflanzen hielt. Fasziniert von der plötzlich unglaublichen Weite blieb sie einen Moment stehen.

„Das ist wundervoll", sagte Laoise fasziniert.

„So etwas habe ich in meinem Leben noch nicht gesehen", sagte Cáilte, den das Tír fa Tonn ebenfalls beeindruckte.

„Wir sind gleich da", sagt Asal, den Cáiltes und Laoises Bewunderung für das Königreich Tír fa Tonn mit einem gewissen Stolz erfüllte. Er überlegte kurz, ob er die längere Route am Loch na Rún vorbei nehmen sollte. Im ganzen Tír fa Tonn gab es keinen beeindruckenderen Ort. Loch na Rún war ein riesiger See, der von moosbewachsenen und deshalb grünen Felsen umgeben war. Alles war dort bläulich-grünlich, soweit man schauen konnte, denn außer den Felsen und dem See selbst, sah man auch noch das blaue Meer, das leise über dem See rauschte. Loch na Rún wirkte zweifellos auf jeden Betrachter eindrucksvoll. Asal entschloss sich schließlich dennoch gegen den Umweg über Loch na Rún, weil er dachte, dass Laoise und Cáilte so aussahen als dürften sie keine Zeit verlieren, und weil Asal, die Frage warum der See Loch Ná Rún – der See des Geheimnisses – hieß, nicht beantworten wollte. Asal führte die beiden Besucher von der Oberfläche also direkt von den grünen Terrassen an prächtig verzierten Wänden vorbei zum Thronsaal des Königs. Laoise und Cáilte liefen an endlosen in Stein gehauenen Ornamenten vorbei, bis sie schließlich vor einem großen Tor standen, vor dem mehrere Firbolg Wache hielten.

„Wartet hier", sagte Asal kurz. Das Tor öffnete sich langsam und Asal verschwand dahinter. Laoise betrachtete das Tor genauer. Es war ebenfalls aus Stein und mit einem Blätterornament versehen. Es handelte sich um die Darstellung einer Schlingpflanze, die sich unzählige Male um das Tor gewunden hatte. Sie sah täuschend echt aus. Ein Meisterwerk filigraner Steinmetzkunst. Laoise wollte sie berühren, doch aufgrund der Tatsache, dass sie nicht alleine mit Cáilte hier stand, besann sie sich eines Besseren. Nach kurzer Zeit öffnete sich das Tor wieder.

„Ihr dürft eintreten", sagte Asal.

Langsam betraten Laoise und Cáilte das, was sich hinter dem großen Tor verbarg. Was die beiden erblickten übertraf an Schönheit und Gewaltigkeit alles, was sie bisher in ihrem Leben gesehen hatten bei Weitem. Laoise und Cáilte befanden sich in einer riesigen Halle, die durch zahllose Säulen gehalten wurde. Über ihnen rauschte das Meer nicht mehr. Eine riesige steinerne Wölbung bildete die Decke der Halle. Jede einzelne Säule war meisterlich verziert und an den Wänden der Halle befanden sich in Stein geschlagene Bilder. Erhellt wurde der Saal durch unzählige Fackeln an den Säulen und an den Wänden.

„Kommt herein!", sagte Conall, der König der Firbolg.

„Ich bin Laoise, die Tochter des Druiden von Garrán Dubh und das ist Cáilte Mac Ronan."

„Ja, ich weiß. Ihr seid hier um Loinnir Síorai, das ewige Licht zu erbitten", sagte Conall.

„Das ist richtig", antworte Laoise.

„Warum sollte ich es Euch geben?"

„Nun, wir ...", fing Laoise an, wusste aber nicht so recht, was sie eigentlich sagen sollte.

Sie starrte an die Wand, so als ob sich auf dieser die Antwort auf Conalls Frage befand. Ihr Blick blieb schließlich auf einer der Darstellungen hängen, die zwei bewaffnete Krieger zeigte Conall bemerkte, welche der unzähligen Darstellungen Laoise anschaute.

„Sreng und Bres", sagte Conall und nun schaute auch Cáilte das Bildnis an.

„Wer waren die beiden?", fragte er neugierig.

„Sreng war ein mächtiger Krieger der Firbolg und Bres war ein Krieger der Tuatha de Danaan. Sie standen sie einst alleine und vollbewaffnet auf der Ebene von Magh Tuireadh gegenüber."

„Und da haben sie sich gegenseitig getötet?", fragte Cáilte weiter.

„Nein, Sreng und Bres betrachteten die Waffen des anderen und beschlossen nicht zu kämpfen, denn sie wussten, dass die Wunden, die diese Waffen verursachten, nie mehr heilen würden", erklärte Conall.

„Wie ist es dann zur Schlacht von Magh Tuireadh gekommen?", fragte Cáilte.

„Die Tuatha de Danaan verrieten die Großmütigkeit von Sreng und wollten bis zum letzten Mann kämpfen."

„Verstehe", sagte Cáilte nickend.

„Wurde Bres nicht ebenso verraten wie Sreng? Bres wollte auch nicht kämpfen", sagte Laoise, die sich das Bildnis bisher schweigend angeschaut hatte.

„Laoise, du glaubst an das Gute in allen Kreaturen. Du denkst, dass zu einem Kampf immer zwei gehören, nicht wahr?", sagte der König der Firbolg.

„Ich weiß nicht. Ich bin nicht dabei gewesen. Ich kann das, was damals zwischen den Firbolg und den Tuatha de Danaan vorgefallen ist, nicht beurteilen", sagte Laoise diplomatisch.

„Dann werde ich es dir zeigen!"

Conall schritt die lange steinerne Mauer entlang und deutete auf ein weiteres Bildnis, auf dem Bres mit seinem Speer auf Sreng, der bereits am Boden lang, einstach.

„Bres tötete Sreng. Die Tuatha de Danaan erschlugen viele tausend Firbolg und die Überlebenden trieben sie ins Meer."

Laoise wollte sagen, dass es sich dabei um eine sehr verkürzte Darstellung der Geschichte handelte, sah aber klugerweise davon ab.

„Ihr Gaeil habt natürlich keine Ahnung davon. Aus irgendeinem mir unbegreiflichen Grund verehrt und bewundert ihr die Tuatha de Danaan, obwohl ihr sie geschlagen habt."

Laoise betrachtete die Darstellung von Bres und Sreng. Der Künstler hatte sich wirklich viel Mühe gegeben, die Szene möglichst plastisch darzustellen. Man konnte förmlich sehen, wie das Blut aus Srengs Körper quoll und Bres dabei lachte. Generationen von Firbolg hatten dieses Bildnis anschauen und sich dabei anhören müssen, wie grausam die Tuatha de Danaan waren und was sie den Firbolg alles angetan hatten. Laoise fragte sich, ob die Szene, in der die Tuatha de Danaan die Firbolg ins Meer getrieben hatten, auch irgendwo so lebhaft festgehalten worden war. Wenn ja, dann wollte Laoise sie auf keinen Fall betrachten müssen.

„Wir verehren die Tuatha de Danaan nicht. Wir sind unsere eigenen Herren", sagte Cáilte schließlich.

„Aber wie lange werdet Ihr das noch sein? Eure Macht schwindet", wandte Conall ein.

„Deshalb sind wir hier. Wir brauchen das Licht", sagte Laoise.

„Ihr glaubt also, dass ich Euch Loinnir Síorai einfach so aushändigen werde, damit Ihr den Stein von Temair finden könnt, den die schwarzen Reiter gestohlen haben?", fragte Conall.

„Wie bitte ...?", sagte Cáilte und Laoise verschlug es zum ersten Mal die Sprache. Sie brauchte ein paar Sekunden um sich wieder zu sammeln.

„Der Stein von Temair?", fragte sie schließlich bestürzt.

„Das wusstet Ihr nicht? Die schwarzen Reiter haben den Stein von Temair von seinem Standort entfernt", erklärte der König.

„Nein, das wussten wir nicht. Das ist ein großes Unglück. Mit dem Stein in den falschen Händen kann viel Unheil angerichtet werden", sagte Laoise entsetzt.

„Aber was haben die schwarzen Reiter mit dem Stein von Temair gemacht? Und was ist mit dem Hochkönig?", fragte Cáilte.

„Auf diese Fragen haben wir auch keine Antwort", sagte der Herrscher des Tír fa Tonn.

„Werdet Ihr uns helfen?", fragte Laoise.

„Warum sollte ich das tun?", entgegnete Conall.

„Die schwarzen Reiter bedrohen ganz Ériu. Irgendwann werden sie auch hierher gelangen", gab Laoise zu bedenken.

„Wer weiß schon, wie man hierher gelangt. Kaum ein Gaeil weiß es", meinte Conall.

„Die Tuatha de Danaan wissen es", wandte Laoise ein und Conall schwieg.

„Bloß weil nach der Schlacht von An Trá Bhan niemand mehr einen der Tuatha de Danaan gesehen hat, heißt das nicht, dass sie nicht mehr existieren. Meint Ihr, dass die Tuatha de Danaan schweigen werden, um die Firbolg zu schützen? Oder werden die Tuatha de Danaan die Firbolg noch einmal verraten, so wie die Firbolg bereits auf der Ebene von Magh Tuireadh verraten worden sind?", sagte Laoise gerissen.

Conall überlegte. Es entsprach der Wahrheit, das die Tuatha de Danaan noch lebten. Sie hatten sich nur in die äußersten Winkel Érius verzogen. Was taten sie dort? Sammelten sie ihre Kräfte, um Ériu erneut unter ihre Herrschaft zu zwingen? Würden sie sich mit den dunklen Angreifern verbünden und sie hierher führen? Lag das Dunkle und Zerstörerische nicht ohnehin in ihrer Natur?

„Seid Ihr nicht besser dran, wenn die Gaeil Ériu weiter beherrschen würden? Wann verirrt sich schon mal ein Gaeil hierher? Das kommt ziemlich selten vor, oder?", sagte Cáilte, der dachte er hätte Laoises Spiel verstanden.

Doch Laoise musste daran denken, dass Finn der letzte Gaeil war, der sich ins Tír fa Tonn verirrt hatte und Conalls Tochter mit an die Oberfläche genommen hatte. Laoise erschienen Cáiltes Worte als unklug, doch Conall verzog keine Miene. Er schien kühl darüber nachzudenken, was ihm weniger gefiel: Ériu unter der Herrschaft der Gaeil oder das Risiko in Kauf nehmen, dass die Tuatha de Danaan die schwarzen Reiter zum Tír fa Tonn führten und es zerstörten.

Abgesehen von der Tatsache, dass einer der Gaeil Conalls Tochter mit an die Oberfläche genommen hatte, waren die Firbolg und die Gaeil keine Feinde. Loinnir Síorai wies den Weg zu verloren gegangenen Dingen. Einen Spiegel oder einen Kamm, den man unachtsam irgendwo liegengelassen hatte, konnte man mit seiner Hilfe wiederfinden. Je näher man der verlorenen Sache kam, desto heller schien Loinnir Síorai. Die Firbolg besaßen wahrlich wertvollere Dinge. Eine Prüfung sollten die beiden jungen Gaeil aber dennoch bestehen. Conall würde das Licht nicht einfach so hergeben.

„In Euren Worten steckt Wahrheit. Aber selbst wenn Eure Absichten gut sind, wissen wir nicht, ob Ihr würdig seid, das Licht zu tragen. Wir werden das am besten feststellen, indem Ihr über Abhainn Trí Thine, den brennenden Fluss, geht und das Licht selber holt", sagte er.

„Abhainn Trí Thine, der brennende Fluss?", fragte Cáilte verwundert.

„Gut. Gehen wir los", drängte Laoise jedoch entschlossen.

„Nicht so voreilig. Noch kein Sterblicher ist je über den Fluss gegangen. Um den Fluss zu überqueren, bedarf es Mut und Tugend", sagte Conall.

„Für alles gibt es ein erstes Mal. Außerdem werde ich nicht mutiger oder tugendhafter, wenn ich hier herumstehe", sagte Laoise.

„Wartet hier. Ich werde mich um einen Führer kümmern", sagte der König, der von der resoluten Laoise nicht unbeeindruckt war.

Der König verließ die beiden. Das Atmen fiel Laoise und Cáilte jetzt leichter und die Schmerzen ließen nach.

„Das ist ein wahrhaft seltsamer Ort", sagt Cáilte nach einer Weile.

„Ja, es ist wunderschön hier. Ríoghnach muss Finn sehr lieben, wenn sie das alles für ihn aufgegeben hat", flüsterte Laoise ganz leise, so dass es von neugierigen und feinen Firbolg-Ohren auf keinen Fall gehört werden konnte.

„Ich hoffe, du vergisst das nicht", zischte Cáilte zurück.

„Was glaubst du, Cáilte? Dass ich die nächste Königin von Connacht werden möchte? Da irrst du dich gewaltig. Ich habe kein Interesse an dem Thron und an Finn übrigens auch nicht."

„Was willst du dann hier?"

Plötzlich trat ein Firbolg, der wie Asal ganz in weiß gekleidet war, aus dem Schatten heraus. Er hatte ein wolfsartiges Wesen mit scharfen Klauen und langem Fell bei sich.

„Ich werde Euch nun zum Abhainn Trí Thine führen", sagte der Firbolg.

„Gut", entgegnete Laoise.

Sie zogen los. Bald schien das Licht nicht mehr bläulich zu sein, sondern golden. Je näher sie ihrem Ziel kamen, umso goldener wurde der Schein. Sie hörten das Meer immer noch rauschen, aber sie konnten es nicht mehr erkennen. Über ihnen war es finster. Am Ende des Ganges sah man etwas feuerrot glühen. Spitze Felskegel ragten aus dem Boden und warfen lange Schatten an die Wände, die aussahen wie die scharfen Zähne eines Ungeheuers. Bei der Gestaltung dieses Teils des Tír fa Tonn waren die Firbolg offensichtlich weniger erfolgreich gewesen. Hier sah man deutlich, dass die Fomoire einst das Tír fa Tonn beherrscht hatten, denn sie liebten die Dunkelheit, das Feuer und die Zerstörung.

„Wir sind da", sagte der Firbolg, der Laoise und Cáilte ans Ufer des Abhainn Trí Thine geführt hat.

Der brennende Fluss brannte nicht wie Holz oder ähnlich brennbare Stoffe. Der Abhainn Trí Thine glühte rötlich. Er erinnerte Laoise eher an dickflüssiges Blut als an ein Feuer. Die Flammen wälzten sich wie ein Strom glühender Lava durch das Flussbett. Ein gewaltiges Rauschen und Zischen übertönte jedes weitere Geräusch. Am anderen Ufer lag Loinnir Síorai ganz allein unter einem alten knochigen Baum. Das Licht schien hell und hatte einen leichten Blaustich. Es wirkte wie das kalte Licht des Vollmonds, den Laoise das letzte Mal über Emhain Mhacha gesehen hatte, als sie mit Finn im Teach na Tine gewesen war und zum Fenster hinausgeschaut hatte.

Besonders breit war der Abhainn Trí Thine nicht. Es waren vielleicht fünfzehn Schritte bis zum anderen Ufer. Um zu springen war das freilich zu weit. Das konnten sie vergessen. Laoise trat näher an den Fluss heran. Sie riss einen Fetzen ihrer Kleidung ab und warf ihn hinein. Er fing sofort Feuer und verglühte noch in der Luft. Gut, wenn die Sache einfach wäre, hätte Diarmuid auch mit Cáilte gehen können, dachte sich Laoise.

„Ich werde gehen und du wartest hier", sagte sie schließlich, nicht wirklich überzeugt von ihren eigenen Worten.

„Wie willst du das schaffen?", fragte Cáilte, der nicht glaubte, dass Laoise es wirklich versuchen würde.

„Ich weiß es nicht. Ich weiß nur, dass ich es schaffen muss", entgegnete Laoise.

Gepackt vom Mut der Verzweiflung, lief sie einfach los, stolperte und fiel hin. Zu ihrer Verwunderung landete sie jedoch auf steinigem Boden. Die Flammen waren verschwunden. Sie stand auf und befand sich in einem leeren Flussbett. Ohne weitere Hindernisse ging sie auf den Baum zu. Sie nahm das Licht, dass sich in einem silbernen Becher mit langen dünnen Schlitzen befand, an sich und ging zurück zum Fluss, der nun wieder in Flammen stand. Als sie wieder durch den Fluss schreiten wollte, verbrannte sie sich den Fuß und musste zurückweichen. Diesmal verschwanden die Flammen nicht.

„Laoise, alles in Ordnung?", rief Cáilte erschrocken hinüber.

„Ja, es ist nichts passiert", antwortete Laoise auf der anderen Seite.

„Was bedeutet das?", fragte Cáilte.

„Um den Fluss zu durchschreiten, bedarf es Mut und Tugend, hat der König gesagt. Nun da ich weiß, dass die Flammen eine Täuschung sind, ist es nicht mehr mutig, durch sie zu laufen. Deshalb verschwinden sie nicht mehr", rief Laoise, die aber auch nicht wusste, wie ihr diese Erkenntnis weiterhelfen sollte.

„Was tun wir jetzt?", rief Cáilte.

Laoise überlegte einen Moment. Dann trat sie so weit es ging an den Fluss heran.

„Denkst du, dass du das Licht fangen kannst, wenn ich es zu dir hinüber werfe?", schrie Laoise über die tosenden Flammen zurück.

„Ich denke ja. Aber was wird aus dir?", fragte Cáilte, selbst ein wenig erstaunt über seine Sorge um Laoise.

„Das ist nicht wichtig. Wichtig ist nur, dass das Licht an die Oberfläche gelangt, nur so gibt es eine Chance, Ériu zu retten. Fang!", rief sie zu Cáilte herüber.

Laoise warf das Licht über den Abhainn Trí Thine. Als Cáilte es sicher auf der anderen Seite aufgefangen hatte, erlöschten die Flammen erneut. Laoise, die schon geglaubt hatte, dass sie den Himmel niemals wieder sehen würde, war mehr als erleichtert.

Das Wolfswesen, das ihr Führer dabei hatte, verwandelte sich vor Cáiltes Augen in Conall. Cáilte erschrak, während Laoise eher so aussah, als hatte sie das bereits geahnt.

„Sieht so aus, als ob Ihr Euch als würdig erwiesen hättet. Nun kommt herüber. Ich denke, dass Ihr keine Zeit mehr zu verlieren habt", sagte der König.

Laoise ging durch das Flussbett und erreichte das andere Ufer unbeschadet. Der König nahm das Licht aus Cáiltes Händen und gab es Laoise.

„Ich werde Euch das Licht zurückbringen. Das verspreche ich", sagte diese.

„Das erwarte ich auch. Ich werde Euch nun den Weg nach oben zeigen", sagte der König zufrieden.

An der Oberfläche saßen Finn und Oisín an den Klippen und blickten aufs Meer hinunter. Die See war immer noch unruhig und wild. Es hatte begonnen zu dämmern und die allgemeine Stimmung war schlecht. Finn fragte sich, ob es wirklich eine gute Idee gewesen war, Laoise und Cáilte diese Aufgabe aufzubürden. Vom Königreich Tír fa Tonn kam niemand zurück, hieß es. Finn war der einzige gewesen, der von dort jemals zurückgekehrt war, und selbst das hatte 20 Zyklen gedauert.

„Jetzt sind sie schon drei Tage fort", bemerkte Oisín besorgt.

„Machst du dir jetzt doch Sorgen? Bereust du es jetzt, dass du nicht mit ihr gegangen bist? Was ist nur los mit dir? Du bist mein bester Mann. Du hättest mit ihr gehen sollen. Es war deine Aufgabe", sagte Finn.

„Ja, ich weiß", entgegnete Oisín gleichgültig.

„Ist das alles, was du dazu zu sagen hast?", fragte Finn aufgebracht.

„Ich fürchte ja", antwortete Oisín.

„Falls es dich beruhigt, die Zeit verrinnt im Königreich Tír fa Tonn langsamer. Wahrscheinlich ist ihnen nichts passiert. Wir müssen einfach noch ein wenig Geduld haben. Oisín, hörst du mir eigentlich zu?", fragte Finn.

Finn, der mangels Reaktion seines Gegenübers keinen Grund mehr sah die Unterhaltung fortzuführen, stand auf und ging ins Zelt, das die Reisenden aufgeschlagen hatten. Oisín starrte weiter aufs Meer hinaus. Plötzlich sah er unten an den Klippen ein Licht, das sich langsam den Felsen hinauf bewegte.

„Cáilte? Laoise? Seid ihr das?", rief Oisín hinunter.

„Ja, wir sind es und das Licht haben wir auch dabei!", antwortete Laoise von unten. Oisín, der seine Freude nicht verbergen konnte, half den beiden hoch.

„Ich bin froh, euch beide gesund wiederzusehen", sagte Oisín erleichtert.

„Ja, danke. Ich werde es Finn sagen", sagte Cáilte, der Oisín einen vernichtenden Blick zuwarf und dann ging.

„Das ist es also. Das ewige Licht. Es ist wunderschön", sagte Oisín. Er blickte Laoise mit seinen tiefblauen Augen an. Ein ganz besonderer Moment, der vorbeizog, ohne dass jemand von den beiden den Mut besaß, ihn zu nutzen.

„Komm, ich hole dir eine Decke. Dir muss doch furchtbar kalt sein", sagte Oisín schließlich ablenkend.

Im Lager hatte sich inzwischen die frohe Kunde verbreitet. Alle kamen zu den Klippen gelaufen.

„Ich wusste, dass du es schaffst. Danke", sagte Finn. Er reichte Laoise die Hand, ohne sie jedoch anzusehen. „Du hast wirklich Mut bewiesen."

„Schön, dass wenigstens einer Mut bewiesen hat", sagte Diarmuid und Oisín, der wohl verstanden hatte, wie das gemeint war, drehte sich abrupt um und ging.

„Oisín, bitte geh nicht. Wir haben alle etwas zu feiern", sagte Finn.

„Lass ihn gehen. Ich werde später mit ihm reden. Aber zuerst muss ich euch noch über etwas unterrichten. Ich bin nicht sicher, ob wir Grund zum Feiern haben. Der König des Tír fa Tonn hat uns erzählt, dass die schwarzen Reiter den Stein von Temair gestohlen haben. Dieses Licht wird uns zu dem Stein führen", sagte Laoise, das Licht in ihren Händen haltend.

„Das sind schreckliche Neuigkeiten. Der Stein kann viel Unheil anrichten", meinte Finn bestürzt.

Er erwartete von Laoise noch irgendeine Reaktion, die jedoch ausblieb.

„Entschuldigt mich bitte."

Laoise ging Oisín nach. Die anderen blieben und Cáilte unterhielt sie mit Heldentaten, die er nicht begangen hatte.

„Wie ich sehe, hast du es Finn nicht gesagt", stellte Laoise fest.

„Ich konnte es nicht. Ich meine, ich bin der Sohn von Verbrechern. Was werden die anderen dazu sagen?"

„Es spielt keine Rolle, was deine Eltern waren. Wichtig ist nur, wer du bist", sagte Laoise, doch bemerkte sie, dass sie so nicht weiter kam.

„Im Übrigen hat sich Cáilte da unten nicht gerade heldenhaft verhalten. Ich musste die ganze Arbeit alleine machen und jetzt berichtet er den anderen von seinen Heldentaten."

„Irgendwie wundert mich das nicht", sagte Oisín trocken.

Beide lachten, als sie den vor sich hin prahlenden Cáilte betrachteten.

„Eigentlich haben wir gar nichts zu lachen. Die schwarzen Reiter haben den Stein von Temair geraubt."

„Das sind in der Tat schlechte Nachrichten. Es heißt, dass solange der Stein in Temair steht, Ériu von seinen Feinden nicht eingenommen werden kann", bestätigte Oisín.

„Ja, es geht jetzt nicht mehr allein darum, Connacht zu retten. Ganz Ériu ist in Gefahr."

Betroffen verharrten sie einen Augenblick in Stille. Beide dachten daran, was da eben an der Klippe passiert ist.

„Was ist das Königreich Tír fa Tonn für ein Ort?", fragte Oisín schließlich.

„Es ist ein magischer Ort. Alles ist in ein seltsames blaues Licht getaucht. Einige Bewohner haben magische Kräfte. Sie können sich in Tiere verwandeln oder zu Luft werden", erklärte Laoise.

„Nicht alle habe diese Fähigkeit?", fragte Oisín.

„Nein. Ríoghnach kann beispielsweise nichts von alledem, während du besondere Fähigkeiten besitzt", sagte Laoise.

„Mach dich nicht lustig über mich", reagierte Oisín leicht verärgert.

„Ich mache mich nicht lustig über dich. Du hast besondere Fähigkeiten. Sie sind nur ungeübt."

„Du meinst das wirklich ernst?"

Oisín schaute Laoise erstaunt und auch etwas erschrocken an.

„Was ist mit dem Jungbrunnen und den Haselnüssen der Weisheit?", fragte Oisín, der das Thema wechseln wollte.

„O das – das ist dummes Geschwätz. Die gibt es gar nicht. Die Zeit verrinnt einfach nur langsamer", sagte Laoise.

„Das ist eine echte Enttäuschung", meinte Oisín in leicht verbesserter Laune.

„Gehen wir zurück zu den anderen?", fragte schließlich Laoise.

„In Ordnung", antwortete Oisín. Er wollte gehen und blieb dann doch noch einmal stehen.

„Laoise?", fragte Oisín.

„Ja?", antwortete diese.

„Eben an der Klippe ... ist da irgendwas gewesen?"

„Nein, da war nichts", log Laoise.

„Das sehe ich genau so", log Oisín.

7. Temair

Am nächsten Morgen war Lagebesprechung. Alle bis auf Laoise hatten sich am Feuer versammelt. Sie schaute noch der Sonne zu, wie sie im Osten über dem Meer aufging. Ihr kam es vor, als wäre alles nicht real gewesen. Das Königreich Tír fa Tonn war ihr so unwirklich wie eine Traumlandschaft erschienen. Doch in ihren Händen hielt sie Loinnir Síorai, das ewige Licht, das sie daran erinnerte, dass es kein Traum gewesen war. Sie hatte den Herrscher des Königreichs Tír fa Tonn wirklich getroffen und sie war tatsächlich über den Abhainn Trí Thine gelaufen. Obwohl Laoise am Rande des Garrán Dubh aufgewachsen war, hatte sie das Königreich Tír fa Tonn überrascht und fasziniert. Ríoghnach und Oisín waren die ersten Firbolg gewesen, die Laoise in ihrem ganzen Leben je gesehen hatte. Ihr Vater hatte Laoise eine ganze Menge über die Firbolg gelehrt, weshalb sie Ríoghnach und Oisín auch gleich als solche erkennen konnte. Doch in den Erzählungen ihres Vaters waren die Firbolg stets einfältig, dumm und den Gaeil und auch den Tuatha de Danaan hoffnungslos unterlegen gewesen. Nach dem, was sie im Königreich Tír fa Tonn erlebt hatte, fragte sich Laoise allerdings, ob die Gaeil und die Tuatha de Danaan nicht die eigentlich unterlegenen Völker waren. Sich zu dematerialisieren, war eine Kunst, die nicht einmal Mannanan, der Mächtigste der Tuatha de Danaan beherrschte.

„Laoise, komm rüber zu uns!", wurde sie von Cáilte aus ihren Gedanken gerissen. Laoise ging zu den anderen.

„Was werden wir tun?", fragte Diarmuid.

„Wir müssen den Lia Fáil finden", erklärte Finn.

„Und dann bringen wir ihn nach Temair zurück und machen Ériu so wieder uneinnehmbar?", fragte Cáilte unbekümmert.

„Ganz so einfach wird es wohl nicht werden", meinte Laoise realistisch.

„Der Lia Fáil hat ja wohl vor allem eine symbolische Bedeutung. Dass die schwarzen Reiter in geraubt haben, ist zweifellos schrecklich und eine Demütigung für die Gaeil, aber alles in allem bleibt der Lia Fáil nur ein Stein", sagte Oisín, seinen Standpunkt darlegend.

„So kann man das nicht sehen. Der Lia Fáil ist nicht nur ein Stein. Wir müssen ihn finden!", hielt Laoise dagegen.

„Warum?", fragte Oisín. Er schaute Laoise ein wenig verwirrt an. Sie war die letzte gewesen, von der er Widerspruch erwartet hatte.

„Es ist einfach so!", antwortete Laoise einsilbig.

„Stein oder nicht Stein. Wir ziehen dort hin, wohin uns das Licht führt. Denn dort, wo sich der Lia Fáil jetzt befindet, ist sich auch das Hauptquartier der schwarzen Reiter. Egal ob es sich um eine symbolische Demütigung handelt oder ob sie den Stein für einen bestimmten Zweck brauchen, die schwarzen Reiter haben den Lia Fáil auf jeden Fall zu ihrem Hauptquartier gebracht", erklärte Finn schlichtend.

„Ja, das denke ich auch", sagte Laoise zustimmend und auch Oisín nickte.

Cáilte wollte auch etwas sagen, sah aber davon ab. Es wäre ohnehin überflüssig gewesen. Auch Diarmuid wurde klar, dass es auf seine Zustimmung wohl nicht so sehr ankam. Seine Meinung zählte ungefähr genauso viel wie die von Ríoghnach. Als Ratsmänner hatten Cáilte und Diarmuid nie schwierige Entscheidungen treffen müssen. Das war ausschließlich die Sache des Königs gewesen. Allerdings waren die beiden es auch gewohnt nach ihrer Meinung gefragt zu werden.

„Das Licht zeigt eindeutig an, dass wir südwestlich gehen sollen", stellte Finn fest.

„Ich bin nicht dafür, den direkten Weg zu nehmen. Wir sollten an der Küste entlanggehen", meinte Laoise.

„Dieser Meinung bin ich nicht. Wir sollten den direkten Weg nehmen. Wir haben schon zuviel Zeit verloren", widersprach Oisín.

„Aber der direkte Weg führt uns quer durch Ulaidh und ich kann wirklich darauf verzichten, den König von Ulaidh wiederzusehen", sagte Laoise bestimmend.

„Ich kann ebenfalls darauf verzichten", pflichtete Ríoghnach ihr bei.

„Schön, die Frauen haben entschieden", sagte Oisín viel zu überheblich.

„Oisín, das war vollkommen unpassend!", reagierte Laoise verärgert.

„Ríoghnach und Finn sind unerkannt durch ganz Ulaidh gereist. Wie wahrscheinlich ist es da, dass wir das Pech haben, zweimal auf irgendwelche Uladh-Kämpfer zu treffen?", meinte Oisín.

„Mir ist egal, wie wahrscheinlich das ist. Ich möchte dieses Königreich so schnell wie möglich verlassen!", entgegnete Laoise.

„Was soll das? Ich dachte darüber wären wir endlich hinweg", sagte Finn, der bis eben gehofft hatte, dass sich Laoise und Oisín an der Klippe ausgesprochen hätten.

„Ja, das dachte ich auch", meinte Laoise aufgebracht.

„Vielleicht lässt sich ja ein Kompromiss finden. Ich schlage vor, dass wir am östlichen Ufer des Loch nEachach entlanggehen und dann Laighin durchqueren. Auf diese Weise bleiben wir weit genug von Emhain Mhacha entfernt; verlieren aber nicht so viel Zeit, als wenn wir an der Küste entlanggehen. Sind alle damit einverstanden?"

Keiner traute sich gegen Finns Vorschlag einen Einwand zu erheben. Die geplante Route führte die Reisenden genau durch Midhe, das Mittelreich Érius, in dem die Hauptstadt Temair lag. Alle fürchteten sich davor, aber keiner gab es zu. Was würde sie hier erwarten, nun da der Lia Fáil, der Stein des Schicksals, aus Temair entfernt worden war?

Laoise war enttäuscht, dass Oisín sie auch weiterhin so anfeindete. Nach ihrem Gespräch an den Klippen über dem Königreich Tír fa Tonn und nach dem sie für ihn gelogen hatte, hatte sie etwas anderes erwartet. Trotzdem wusste Laoise, warum Oisín das getan hatte. Er fühlte sich von Cáilte und Diarmuid unter Druck gesetzt. Seit Oisín sich geweigert hatte, mit ihr ins Königreich Tír fa Tonn zu gehen, glaubten die beiden, dass Finns scheinbar bedingungsloses Vertrauen in Oisín vollkommen unbegründet war. Oisín dachte, dass er sich eine Freundschaft zu Laoise – oder was auch immer er für eine Beziehung zu ihr hatte – nicht leisten konnte.

Die Situation, so wie sie jetzt war, belastete Oisín so sehr, dass er nicht darüber nachdachte, was sie in Temair vielleicht erwartete. Die anderen konnten jedoch kaum an etwas anderes denken. Solange der Lia Fáil in Temair stand, war Ériu uneinnehmbar, hieß es. Was würde jetzt geschehen? Außerdem musste jemand Finn sagen, was mit Almhuin, dem traditionellem Sitz der Fianna, nach der Schlacht von Gabhra passiert war.

Tage vergingen, ohne dass sich jemand traute Temair, Almhuin oder die Schlacht von Gabhra zu erwähnen. Als die Reisenden schließlich das Flusstal des Boann erreichten, war es mit dichtem Nebel verhangen. Man konnte kaum noch die Hand vor Augen sehen. Zur Rechten sollte man eigentlich den Berg von Temair erkennen, doch er war hinter einer dicken Nebelwand verschwunden. Es war , als wäre er gar nicht da – als ob die schwarzen Reiter ihn samt des Steins geraubt hätten.

Temair war ein geschichtsträchtiger Ort. Er war zuerst von den Firbolg beherrscht worden. Doch Eochaid, Sohn von Erc, verlor die erste Schlacht von Magh Tuireadh gegen die Tuatha de Danaan, die von König Nuada angeführt wurden. Die Tuatha de Danaan nahmen Temair ein und brachten den Stein des Schicksals, den Lia Fáil, dorthin. Als die Tuatha de Danaan ihrerseits von den Gaeil geschlagen wurden, wechselte der Stein des Schicksals seinen Besitzer. Die Gaeil behielten ihn und machten Temair zu ihrer eigenen Hauptstadt. Seitdem war Temair der Sitz des Hochkönigs der Gaeil. Midhe, das Mittelreich, das Temair umgab, war bedeutungsvoller als die übrigen Provinzen, denn wer das Mittelreich beherrschte, beherrschte Ériu.

Der Hochkönig hatte sein Anwesen in der Mitte von Temair. Nordwestlich davon lag das Grab der Aufgegeben, welches das rituelle Zentrum von Temair bildete. Nordöstlich lag der Hügel der Sidhe, den die Tuatha de Danaan errichtet hatten. Aus dem Hügel der Sidhe entsprang ein Fluss, der Nith genannt wurde. Südlich vom Anwesen des Königs befand sich Teach Miodhchuarta, die große Banketthalle, in der alle wichtigen Feste gefeiert wurden. Noch weiter südlich befanden sich dann die Quartiere der Fianna, der Soldaten Érius.

Doch von all dieser Pracht, die Temair einst ausgemacht hatte, war nichts mehr zu sehen. Die Welt hatte ihre Farben verloren. Es existierten nur noch verschiedene Abstufungen desselben Grau. Die ganze Gegend war trostlos und verlassen. Es war kaum zu glauben, dass der Hochkönig von Ériu hier seinen Sitz hatte. Temair war traditionell der Ort, an dem zahlreiche Feste abgehalten wurden. Beltaine und Samhain wurden hier groß gefeiert. Obwohl es durch den Verrat des damaligen Hochkönigs geschehen war, dass die Fianna zu Fall gekommen war, befiel Finn Wehmut. Was war nur aus diesem Ort geworden? In ganz Ériu hatte man von Temair aus den weitesten Blick. Grün soweit das Auge reichte. Aber Temair war nicht nur der Sitz des Hochkönigs, in Temair tagte auch der Hohe Rat. Diesem gehörten neben dem Hochkönig die Könige der vier Provinzen an. Des Weiteren wurden die Führer der Fianna oft zu den Sitzungen hinzugezogen. Der Rat von Temair hatte jedoch keine Entscheidungsgewalt. Vielmehr lag es an den Königen der einzelnen Provinzen, die Beschlüsse des Rates durchzusetzen oder auch davon abzusehen. Doch der Rat von Temair, das stolze Anwesen des Hochkönigs, die Teach Miodhchuarta, das alles schienen nun Schatten der Vergangenheit zu sein. Die Reisenden blickten in eine grauweiße Leere. Der Nebel wurde immer schlimmer je näher sie Temair kamen. Laoise hatte vorgeschlagen sich an den Händen zu halten, damit sie sich im Nebel nicht verlieren. Doch die Männer waren dagegen. Finn hatte gemeint, dass sich alle an dem Licht orientieren könnten, das Laoise trug. Das sollte reichen.

Es reichte nicht. Nachdem die Reisenden Temair passiert hatten, konnten sie langsam wieder Schemen erkennen und sie mussten feststellen, dass jemand fehlte. Cailte, Oisín, Diarmuid und Ríoghnach waren Laoise mit dem Licht gefolgt, aber Finn war irgendwo zurück geblieben.

„Finn", schrie Ríoghnach verzweifelt, doch niemand antwortete. Der Nebel hatte ihn verschluckt und nicht wieder freigegeben.

„Wo ist er? Was ist passiert?", fragte Ríoghnach ängstlich.

„Keine Sorge, wir finden ihn wieder. Hier, halt das", sagte Laoise scheinbar unbesorgt und drückte Ríoghnach das Licht in die Hand.

„Ich gehe jetzt wieder da rein und komme mit Finn wieder raus", erklärte Laoise mit einer sorglosen Selbstverständlichkeit in der Stimme, die Oisín aufgesetzt vorkam.

„Ich komme mit", sagte er entschlossen.

„Nein, das tust du nicht", entgegnete Laoise, ohne Oisín größere Beachtung zu schenken und ging los.

„Denkst du, du kannst mich daran hindern?", reagierte Oisín und griff nach Laoises Arm. Er folgte ihr ein paar Schritte in den Nebel hinein, bis Laoise stehenblieb.

„Oisín, ich komme alleine klar, aber die drei da hinten nicht. Ohne dich sind sie schutzlos", zischte Laoise wütend.

„Schutzlos vor was? Laoise, was ist hier los?", fragte Oisín.

„Ich weiß es nicht, aber wir dürfen nicht hier bleiben", erklärte Laoise und ihre Stimme klag nun gar nicht mehr sorglos und selbstverständlich. Oisín ließ Laoises Arm langsam los.

„Wenn jemand oder irgendwas durch den Nebel zu euch kommt, dann darfst du nicht zögern", sagte Laoise leise und Oisín brauchte keine weitere Erklärung, was sie damit meinte.

„Woher soll ich wissen, dass nicht du es bist, die durch den Nebel kommt – oder Finn?", fragte Oisín noch.

„Du wirst es wissen", meinte Laoise kurz und ging weiter in den Nebel hinein, während Oisín   zurück zu Ríoghnach, Cáilte und Diarmuid ging. Laoise hatte Oisíns Augen im Nebel nicht sehen können. Sie fragte sich, ob er dasselbe dachte wie sie, nämlich dass Finn das mit Absicht getan hatte.

Für Finn war Temair voller Stimmen der Vergangenheit. Ein Rauschen – ja ein Flüstern lag in der Luft. Keine Worte. Eher das Echo von solchen. Unverständlich, aber dennoch da. Am liebsten wäre Finn den Berg von

Temair hinaufgelaufen. Er wollte wissen, was hier passiert war. Was hatte diesen Ort nur so verändert? Weshalb war er in Dunkelheit gehüllt? Was war mit dem Hochkönig geschehen? Finn war dabei, sich selbst in tausend Fragen zu verlieren. Seine Gedanken trugen ihn an einen weit entfernten Ort. Der Nebel hatte begonnen sich zu lichten. Es war ein schöner Sommertag. In der Ferne hörte er Stimmen. Anscheinend wurde in Temair gerade ein Fest abgehalten. Jemand rief seinen Namen. Er drehte sich um und erblickt Aine, wie sie den Berg hinunter auf ihn zukam.

„Aine?" fragte Finn erstaunt.

„Komm zu uns, Finn", sagte diese.

„Das ist nicht möglich", murmelte Finn verwundert.

„Alle warten auf dich. Komm endlich", sagte Aine fröhlich.

„Das ist nicht real."

„Warum kommst du nicht zu uns? Dann kannst du sehen, wie real das ist", entgegnete Aine lachend

Sie kam zu ihm und reichte ihm die Hand.

„Aine, es tut mir so Leid."

„Du kannst alles wieder gutmachen, wenn du mit kommst."

Finn wollte ihr folgen, doch jemand hielt ihn fest. Er erschrak plötzlich und sah wieder nur den Nebel vor seinen Augen.

„Du kannst nicht gehen. Ich weiß, was du fühlst. Aber wenn du jetzt gehst, wirst du nicht zurückkommen", hörte Finn Laoise sagen.

„Aber ich muss wissen, was passiert ist", sagte Finn aufgebracht.

„Wenn du jetzt gehst, dann war alles umsonst", wiederholte Laoise ihre Warnung. „Du ahnst doch bereits, was die schwarzen Reiter mit dem Stein von Temair gemacht haben. Oder sollte ich besser sagen, was der Stein von Temair mit den schwarzen Reitern gemacht hat. Es heißt, wenn der Hochkönig stirbt, sucht sich der Stein von Temair selber einen neuen Herrscher. Manche behaupten, dass der Stein dann vibriert und ein heulendes Geräusch von sich gibt. Doch in Wirklichkeit ist der Stein für etwas ganz anderes bestimmt. Du spürst es auch, nicht wahr? Etwas ist in unsere Welt getreten, was nicht hierher gehört. Der Stein von Temair wurde dazu benutzt, ein Portal in eine andere Welt zu öffnen. Die Tuatha de Danaan sind auch so hierher gekommen. Unser Feind ist nicht von dieser Welt", redete Laoise weiter auf Finn ein.

„Wie können wir sie besiegen?" fragte Finn.

„Ich weiß es nicht, aber wir dürfen nicht hier bleiben. Wir müssen zurück zu den anderen gehen", antwortete Laoise.

„Laoise, warum bist du mit uns gekommen?", fragte Finn.

„Um das Licht vom Grund des Meeres zu holen. Das weißt du doch."

„Ich meine, warum hast du dich überhaupt auf diese Sache eingelassen?"

„Diese Frage könntest du jedem von uns stellen."

„Aber ich stelle sie dir", sagte Finn, der immer noch auf eine Antwort wartete.

„Weil ich denke, dass es an uns liegt einen Unterschied zu machen. Es liegt an uns die Geschichte zu verändern."

„Dann vertraust du mir noch?", fragte Finn

„Habe ich eine andere Wahl?"

„Hat man nicht immer eine Wahl?"

„Hier nicht. Natürlich könnte ich zurück zum Garrán Dubh gehen, aber wie lange wäre ich da noch sicher? Nein, Finn wir haben keine Wahl. Wir müssen das hier machen und wenn wir scheitern, dann wenigstens nicht kampflos", meinte Laoise und Finn folgte ihr durch den Nebel.

„Was ist mit Almhuin passiert?", fragte Finn schließlich.

„Fiacha Sraibhtine, der Nachfolger Cairbre Lifechairs, ließ es niederbrennen. An dem Ort, wo sich das stolze Hauptquartier der Fianna befand, ist heute gar nichts mehr. Kein einziger Stein wurde übrig gelassen. Die Fianna sollte ins Reich der Mythen und Legenden verbannt werden. Kein Zeugnis über ihre Existenz sollte auf der Erde zurückbleiben", sagte Laoise mit leiser, aber gefasster Stimme.

„Wir haben nun die Chance die Geschichte zu korrigieren", meinte Finn plötzlich unerschüttert.

„Ja, die haben wir. Du nimmst das Schicksal der Fianna ziemlich gelassen auf", bemerkte Laoise.

„Die Fianna wurde bei der Schlacht von Gabhra zerstört. Was für einen Unterschied macht es da, ob Almhuin noch steht oder nicht", erklärte Finn.

„Viele Menschen hat es interessiert. Sie hießen das was der Hochkönig tat nicht gut. Die Menschen sehnen sich nach einem gerechten Herrscher, wie es Cormac Mac Art war", sagte Laoise.

„Woher willst du wissen, wie Cormac Mac Art regiert hat? Bist du nicht ein bisschen jung dafür? Für mich ist es bereits 11 Zyklen her, dass Cromac Mac Art Hochkönig von Ériu war. Müssten es dann für dich nicht 31 Zyklen sein?", sagte Finn und hoffte auf eine ehrliche Antwort, doch Laoise sagte schnell:

„Du hast Recht. Wie Cormac Mac Art regiert hat, weiß ich nur aus Erzählungen."

„Laoise, ich bin froh, dass du mit uns gekommen bist", fing Finn an.

„Danke", sagte Laoise vorsichtig. Doch sie hörte an Finns Tonfall, dass nun ein ‚Aber' kam.

„Du bist dir aber darüber im Klaren, dass ich dein Geheimnisse kenne, oder? Ich weiß nie, wie weit ich dir trauen kann", sagte Finn langsam, weil er nicht wusste, wie Laoise darauf reagieren würde.

„Was ist mit deinem eigenen Geheimnis, Finn? Wie würden die anderen über dich denken, wenn sie die Wahrheit kennen würden. Vor allem was würde Ríoghnach denken? In wieweit können die anderen dir denn trauen?", konterte Laoise gelassen.

„Willst du mich erpressen?", fragte Finn.

„Nein. Natürlich nicht. Ich wünschte nur, die Dinge wären anders und unter Cormac Mac Art sind sie ja auch anders gewesen. Sonst würden wir wahrscheinlich nicht existieren", sagte Laoise

Sie gingen langsam weiter, bis der Nebel aufklarte und Oisín die beiden mit ungezogenem Schwert begrüßte.

„Ich dachte schon, der Nebel hätte euch verschlungen", sagte er.

„Du hast es gewusst oder warst du nur langsam", sagte Laoise.

„Wieso langsam? Ich habe es schon im Garrán Dubh gewusst", entgegnete Finn irritiert und merkte erst dann, dass Laoise Oisín gemeint hatte.

„Ja, ich habe gewusst, dass ihr es seid", sagte Oisín verwirrt und fragte sich, was Finn schon im Garrán Dubh gewusste hatte. Dass der Stein von Temair gestohlen worden ist? Oisín blickte Finn fragend in die Augen. Er wusste, dass er keine Antwort bekommen würde – auch nicht von Laoise.

Cáilte, Diarmuid, aber vor allem Ríoghnach waren froh, Finn wieder zu sehen. Sie stellten keine Fragen, warum er dem Licht nicht gefolgt war und warum er die anderen im Nebel verloren hatte.

„Wir müssen das Mittelreich auf dem schnellsten Weg verlassen. Am besten wir halten uns westlich", meinte Laoise.

Finn nickte ihr zu und die Reisenden verließen das Mittelreich in angegebener Richtung.

8. Das Geheimnis des Sees

Es war früh am Abend. Die Reisenden hatten ihr Lager in der Nähe eines Sees aufgeschlagen. Die Dunkelheit Temairs hatte alle erschreckt, doch niemand sprach darüber. Vor allem Finn wollte nicht darüber sprechen, was am heiligen Berg von Ériu passiert war. Die Erscheinung von Aine war ihm so real erschienen. Wenn Laoise ihn nicht festgehalten hätte, wäre er mit ihr gegangen, obwohl er sich darüber im Klaren gewesen war, dass es sich um eine Täuschung gehandelt hatte. Finn hatte es so sehr glauben wollen, dass es in seiner Vorstellung wahr geworden war. Er fühlte sich verunsichert und schwach, so als hätte er sich über sein eigenes Spiegelbild erschrocken. Erst jetzt wurde ihm klar, wie sehr er Aine verletzt haben musste. Es war ihm nie so bewusst gewesen. Sie war eine Frau gewesen, von denen es viele in seinem Leben gegeben hatte. Doch selbst nach der Schlacht von Gabhra hatte sie zu ihm gestanden, was viele andere nicht getan hatten. Sie war etwas Besonderes gewesen. Trotzdem war Finn fortgegangen. Er hatte sie alleine zurückgelassen und ihr Schicksal war ihm egal gewesen.

Während Finn über seine Begegnung mit der Vergangenheit nachgrübelte, hatte Oisín mit ganz banalen Dingen zu kämpfen. Er war dabei, Holz für das Lagerfeuer zu zerteilen. Oisín arbeitete für zwei. Er hatte das dringende Bedürfnis, sich zu beweisen, denn Cáilte und Diarmuid machten ihm das Leben schwer. Dass er nicht mit Laoise ins Königreich Tír fa Tonn gegangen war, warf ein nachhaltig schlechtes Licht auf ihn. Obwohl sie es hätten besser wissen sollen, hielten Oisíns Waffenbrüder ihn für feige. Nur Finns Vertrauen in ihn war ungebrochen. Laoise verfolgte diese Entwicklung mit Sorge. Am liebsten hätte sie ihr Schweigen über Oisíns Identität gebrochen, konnte es aber nicht. Er wollte es ja so. Schließlich warf Oisín Laoise einen Stapel Holz vor die Füße.

„Irgendwann wirst du dich selbst oder irgendwen anders umbringen, wenn du so weitermachst", sagte diese altklug.

„Vielleicht machst du Feuer und lässt das meine Sorge sein", entgegnete Oisín kurz angebunden.

Laoise machte Feuer, indem sie zwei Steine aufeinander schlug bis Funken sprühten und das Büschel Gras, das sie vor sich ausgebreitet hatte, Feuer fing. Behutsam begann sie damit, das Holz um das kleine Feuer zu stapeln. Nur ganz langsam griffen die Flammen auf das frisch geschlagene Holz über. Doch schließlich brannte der Stapel lichterloh und spendete den Reisenden Licht und Wärme.

„Ich gehe noch einmal zum See, bevor es dunkel wird", sagte Laoise und verließ die anderen.

„Oisín, geh' bitte mit ihr und sprich dich mit ihr aus. Was auch immer euer Problem ist, es belastet uns alle. Rede mit ihr. Wir erwarten ja gar keine Wunder", sagte Finn und versuchte möglichst diplomatisch zu klingen.

Die anderen lachten.

„Das ist doch sicher das, wovon du nachts träumst. Allein mit Laoise am See", spottete Cáilte und Oisín dachte, dass das wohl das war, wovon Cáilte nachts träumte.

Oisín machte sich trotzdem auf den Weg. Der See war von einem kleinen Wald umgeben, den er durchqueren musste, bevor er das Ufer erreichte. Obwohl der See recht groß war und er zuvor noch niemals hier gewesen war, wählte Oisín denselben Weg, den auch Laoise genommen hatte. Er erblickte sie am Ufer. Die Sonne befand sich bereits dicht am Horizont. Der Himmel war in ein blutrotes Licht getaucht. Bald würde es dunkel sein. Laoise kämmte sich das Haar und hatte ihm den Rücken zugewandt. Trotzdem wusste sie, dass es Oisín war, der hinter ihr stand. Der See war kühl und klar.

„Oisín! Irgendwas sagt mir, dass das kein freiwilliger Besuch ist."

„Finn meint, dass wir reden sollten."

„Wahrscheinlich hat er Recht damit. Obwohl ich nicht sicher bin, was eigentlich das Problem ist", meinte Laoise, die begann sich auszuziehen. Oisín empfand keine Scham dabei, die sich entkleidende Laoise anzuschauen. Wie auch? Von Scham und Sünde hatten die Menschen in Érui damals noch nichts gehört. Wenn Oisín irgendetwas dabei fühlte, dann war es Neugierde, die Laoise nicht entging.

„Ich bin an Frauen wie dich nicht gewohnt", gab er zu.

„Frauen wie mich?", fragte Laoise interessiert.

„Da, wo ich herkomme, sind die Frauen folgsam, kämpfen nicht mit Schwertern und haben auch keine übernatürlichen Kräfte", erklärte Oisín.

Laoise lachte.

„Rede ich schon wieder Unsinn?"

„Nein, eigentlich nicht. Eigentlich dachte ich, dass du einen deiner wenigen hellen Momente hast, in denen du keinen Unsinn redest", entgegnete Laoise und ging langsam ins Wasser.

„Oisín, weißt du, was für ein Ort das hier ist? Kennst du das Geheimnis dieses Sees?"

„Nein. Sollte ich?"

„Das ist Loch nDarbrech, der See der Eichen. Hier verwandelte Aoife von den Tuatha de Danaan ihre Stiefkinder aus Eifersucht in Schwäne. Doch nachdem Aoife das getan hatte, bekam sie Mitleid mit den Kindern ihres Ehemanns, des mächtigen Lir, und so ließ sie ihnen ihre menschliche Sprache. 300 Jahre mussten Fionnuala und ihre Brüder in Gestalt von Schwänen auf diesem See verbringen."

„Das ist eine grausame Geschichte. Ist sie wirklich passiert?", fragte Oisín.

„Wer weiß? Die Tuatha de Danaan sind gefährlich und ihnen werden eine Menge Grausamkeiten nachgesagt. Was ist? Kommst du nicht?"

„Ich weiß nicht", sagte Oisín verunsichert.

„Aber ich weiß es. Im Grunde würdest du gerne, aber ..."

„Aber was?", fragte Oisín leicht erheitert, da er dachte ihn könnte so leicht nichts erschüttert.

„Aber du hast Angst. Du hast Angst, ich könnte nein sagen."

Oisín verging plötzlich das Lachen. Er wurde ernst und wollte gehen.

„Oisín, ich werde nicht nein sagen", sagte Laoise vorsichtig. Sie blickte ihn mit ihren funkelnd grünen Augen an. Auch er sah sie an, zögerte zuerst noch und sprang dann doch ins Wasser.

Auf der anderen Seite des kleinen Waldes, der Loch nDarbrech umgab, wartete man lange vergebens auf Oisín und Laoise.

„Sie sind jetzt schon eine ganze Weile fort. Hoffentlich ist ihnen nichts passiert", sagte Ríoghnach ernsthaft besorgt.

„Meinst du, sie könnten sich vielleicht gegenseitig umgebracht haben oder so was ähnliches?", fragte Cáilte belustigt.

„Das ist nicht lustig. Ich mache mir wirklich Sorgen", sagte Ríoghnach. Mal wieder fühlte sie sich nicht ernst genommen.

„Ich glaube, ich sehe sie. Beide und sogar unverletzt", sagte Diarmuid, der Cáiltes Spiel mitspielte. Oisín und Laoise kamen langsam ins Lager zurück und gaben sich große Mühe sich nichts anmerken zulassen. Oisín schaute Laoise nicht an und sie schaute Oisín nicht an.

„Und? War es schön am See?", fragte Cáilte.

„Es war vor allem feucht", entgegnete Laoise, die Cáilte ein falsches Lächeln zuwarf. Dann stellte sie sich mit Oisín zu den anderen ans Feuer. Inzwischen hatte es angefangen zu dämmern.

„Wir haben Suppe für euch aufgehoben", sagte Ríoghnach.

Sie reichte den beiden die Suppe. Dabei blickte Ríoghnach Laoise so an, als ob sie eine Vermutung hatte, was am See vorgefallen war.

„Danke", sagte Laoise, vermied aber den Augenkontakt mit Ríoghnach.

Laoise und Oisín schauten einen Augenblick auf die Suppe, blickten sich dann gegenseitig an und ließen plötzlich im selben Moment die Schüsseln fallen.

„Sie kommen", sagte Laoise wie in Trance.

„Wir müssen hier weg", sagte Oisín energisch.

Er begann das Feuer zu löschen. Laoise half ihm dabei.

„Was tut ihr denn? Seid ihr noch bei Sinnen?", fragte Finn entgeistert.

„Wir müssen hier sofort weg. Es bleibt keine Zeit für Erklärungen", meinte Laoise resolut.

„Vertrau' ihr", sagte Oisín und packte Finn am Arm.

Finn sah wie aufgewühlt Oisín und Laoise waren und entschied sich dafür, den beiden zu glauben.

„Gut. Lasst uns hier verschwinden", entschied Finn.

Die anderen protestierten, packten ihre Sachen aber zusammen.

„In den Wald. Schnell!", trieb Oisín die anderen an.

Sie liefen. In der Ferne hörte man das Galoppieren von Pferden. Sie kamen näher. Die Flüchtenden schafften es gerade noch ungesehen den Wald zu erreichen. Laoise bedeckte das Licht Loinnir Síorai mit ihrem Inar. Im Schutze der Bäume sahen die Reisenden, wie an die 30 schwarze Reiter an ihnen vorbeigaloppierten. Die Pferde waren ebenfalls schwarz und ihre Körper reflektierten das blutrote Licht der untergehenden Sonne. Die Tiere waren nicht mit Fell bedeckt. Ihre Haut schien kalt, metallisch und irgendwie nass zu sein. Den Reisenden wurde plötzlich kalt. Sie konnten ihren eigenen Atem als Dampfwolken sehen.

Die Reiter trugen kurze Léines, die seltsam strahlten und blitzten. Dort wo ihre Glieder aus den Léines ragten, waren sie mit derselben kalten schwarzen Haut überzogen wie die der Pferde. Auf den Köpfen trugen die Reiter Helme, sodass man ihre Gesichter nicht erkennen konnte. Finn musterte ihre

Bewaffnung: Schwerter, Speere, Bögen. Im Grunde nichts Außergewöhnliches.

„Eacha Uiscí", flüsterte Diarmuid.

„Menschenfressende Wasserpferde?", fragte Oisin ungläubig.

„Ja, sie leben im Meer oder in großen Lochs und warten auf unvorsichtige Wanderer, um sie in die Tiefe zu reißen", erläuterte Diarmuid leise.

„Das ist doch nur eine Gesichte, die man kleinen Kindern erzählt, um sie vor dem Ertrinken zu bewahren", zischte Laoise.

„In Ordnung, wenn das keine Eacha Uiscí waren, was waren es dann?", fragte Diarmuid, der immer noch flüsterte, obwohl die Reiter mittlerweile bereits weit weg sein musste.

Der sonst so schlagfertigen Laoise fiel auf diese Frage nichts ein und so schwieg sie. Die Reisenden blickten Finn fragend an, doch auch dieser hatte keine Erklärung.

„Ich weiß es nicht", sagte er laut.

Keiner der Reisenden hatte zuvor einen der schwarzen Reiter gesehen. Was sie wussten, stammte nur aus Erzählungen anderer: Schwarze Haut, metallischer Körper, grässliche Kreaturen aus der Anderswelt. Bis hierher hatten sie das alles für Übertreibungen von leichtgläubigen Bauern gehalten.

„Auf der anderen Seite dieses Sees beginnt Connacht. Wenn man sich beeilt, sind es nach Cruachan Aí gerade einmal 3 Tage. Niemand ist zu diesem Unternehmen hier gezwungen. Jedem steht es frei zu gehen", sagte Finn schließlich.

„Also ich werde nicht zurückgehen", meinte Oisín entschlossen.

„Ich auch nicht", pflichte Laosie ihm bei.

Finn blickte die anderen drei an.

Diarmuid und Cailte nickten stumm, fragten sich aber insgeheim, ob das alles nicht mittlerweile eine Nummer zu groß für sie war.

„Ich bin auch dabei. Nicht dass ich eine andere Wahl hätte", sagte Ríoghnach kühl.

„Es tut mir Leid", sagte Finn zu ihr und zu allen:

„Wir werden besser die Nacht im Wald verbringen. Das ist sicherer."

Sie begannen das Lager im Wald aufzuschlagen. Das Licht Loinnir Síorai verbreitete einen warmen, hellen Schein. Nur Oisín beteiligte sich nicht an den Aufbauarbeiten. Er saß auf einem Stein und wirkte vollkommen aufgelöst. Laoise ging zu ihm.

„Was geschieht mit mir? Das war als hätte etwas von mir Besitz ergriffen. Mir war als wäre ich nicht mehr ich selbst", sagte Oisín verängstigt.

„Du beginnst deine Fähigkeiten zu entdecken. Das ist erst der Anfang. Es gibt nichts, wovor du dich fürchten musst. Du bist ein Firbolg. Weißt du, was das für ein Privileg ist?", sagte Laoise sanft.

„Ich glaube, ich könnte darauf verzichten."

„Aber wir können es nicht. Deine Gabe ist von großer Bedeutung. Du wirst für unser Vorhaben noch unglaublich wichtig sein."

„Das kannst du nicht wissen."

„Doch, das kann ich", hielt Laoise dagegen. Sie hatte das dringende Bedürfnis ihre Lippen auf seine zu pressen und durfte nicht.

Finn bemerkt, dass Oisín die Sache mitgenommen hatte, und kam zu den beiden herüber. Er reichte Oisín die Hand und half ihm aufzustehen. Laoise ging und ließ die beiden alleine. Finn schaute ihr nach und bemerkte wie schon Ríoghnach zuvor, dass sich etwas zwischen Oisín und Laoise geändert hatte. Finn hatte eigentlich andere Pläne, aber im Grunde hatte er nichts dagegen. Warum auch?

„Ich weiß, dass du mir dein Geheimnis verraten wirst, wenn du dazu bereit bist", sagte Finn schließlich.

„Danke", sagte Oisín erleichtert. Soviel Verständnis hatte er nicht erwartet. Vor allem nicht nachdem Finn so verärgert gewesen war, dass er nicht mit Laoise ins Königreich Tír fa Tonn gegangen war.

„Komm rüber zu uns, wir müssen den weiteren Weg besprechen."

Im Schein des Lichts Loinnir Síorai versammelten sich die Reisenden um die Karte.

„Das Licht weist eindeutig nach Süden. Also müssen wir als nächstes Laighin durchqueren. Falls wir dort auf irgendwelche Könige treffen, Oisín, dann sagst du bitte nicht, dass Laoise deine Schwester ist. In Ordnung?", sagte Finn.

„In Ordnung", sagte Oisín. Mittlerweile hatte er sich wieder gefangen.

Alle, auch die Frauen, lachten.

„Gut, dann ziehen wir morgen früh weiter. Wir haben noch einen langen Weg vor uns", meinte Finn zuversichtlich.

Durch die Bäume sah man, die Sonne blutrot versinken. Im Wald waren seltsame Geräusche zu hören. Ríoghnach war das nicht gewohnt. Sie fühlte sich von tausend Augen beobachtet. Ein Käuzchen schrie und im Gebüsch raschelte es. Laoise hatte keine Zeit sich über so etwas, Gedanken zu machen.

Sie fürchtete sich vor anderen Dingen. Finn und Oisín unterhielten sich noch im Schein des Lichtes Loinnir Síorai. Oisín sah zu Laoise herüber und lächelte. Sie senkte ihre Augenlieder. Eine dunkle Vorahnung sagte ihr, dass das nicht gut ausgehen würde. Sie spürte deutlich, dass die Seherin des Königs von Ulaidh Recht gehabt hatte. Sollte sie es ihm sagen?

9. Die Weiße Jungfrau

Die Provinz Laighin galt unter den Gaeil als besonders gastfreundlich. Die Menschen dort liebten es Gesichten aus fremden Ländern zu hören. Sie lebten allerdings nach ihren eigenen Vorstellungen und ließen sich von anderen nicht gerne reinreden. Sie hatten für den ausschweifenden Osten und den progressiven Westen nicht viel übrig. Sie hatten aber auch nicht viel dagegen. Die Menschen in Laighin lebten selber eben anders. Irgendwie ruhiger und konservativer und letztlich auch langweiliger. Skandale wie in Uladh gab es nicht und die absolute Königsherrschaft in Frage zu stellen wie in Connacht – war hier völlig undenkbar. In Laighin liebte man das Leben so wie man es kannte: In gewohnten Bahnen. Wenn man Laighin bei all dieser Trägheit etwas Positives abgewinnen wollte, dann war es, dass die Menschen hier sich nicht leicht beeindrucken ließen. Sie waren nur schwer beeinflussbar und das machte sie zu verlässlichen und loyalen Verbündeten.

Der weitere Weg führte die Reisenden an dem Fluss entlang, der Berba genannt wurde. Das Wetter war freundlich und mild. Sie hatten die Dunkelheit Temairs endlich hinter sich gelassen und waren besserer Laune. Sie redeten sich ein, dass sie die ihnen bevorstehende Aufgabe meistern würden. Die gemeinsame Zeit hatte die Reisenden zusammengeschweißt. Niemand feindete Laoise mehr an. Die Männer hatten akzeptiert, dass sie ihren Teil zum Erreichen ihres Ziels beitrug. Allerdings behandelten sie Oisín mit einer gewissen Vorsicht. Ihnen war nicht entgangen, dass er Laoises böse Vorahnung vom Erscheinen der schwarzen Reiter geteilt hatte. Sie begannen sich, über seine Herkunft Gedanken zu machen. Er war als kleiner Junge von Ronan im Wald gefunden worden. Doch was war davor? Wo war er hergekommen? Woher kamen seine hellseherischen Fähigkeiten? War er auch ein Kind von Magiern? War er gar einer der Tuatha de Danaan?

Ríoghnach und Laoise waren um eine bessere Beziehung bemüht. Obwohl Ríoghnach nicht glaubte, dass zwischen Laoise und Finn irgendetwas vorgefallen war, waren die Ereignisse von Beltaine nicht spurlos an ihr vorbeigegangen. Ihr war nicht entgangen, wie Finn Laoise angesehen hatte, als die beiden sich das erste Mal trafen. Als Friedensangebot versuchte Ríoghnach, Laoise ein Lied beizubringen. Es war die Geschichte einer schönen jungen Frau, die von ihren Eltern eingemauert wurde, um sie vor den heranrückenden Feinden zu retten. Doch der Plan ging schief. Die Eltern kamen bei dem Angriff ums Leben und die junge Frau verhungerte qualvoll.

Ríoghnach fing an zu singen und erwartete, dass Laoise es ihr gleich tat, doch diese verpasste den Einsatz.

„Ich habe kein Talent fürs Singen", meinte Laoise.

„Worum geht es in dem Lied eigentlich?", fragte Oisín, den das eigentlich nicht wirklich interessierte, aber der einen Grund gesucht hatte, näher an Laoise heranzukommen.

„Es geht um einen Mann, der sich in eine Frau verliebt", erklärte Ríoghnach.

„Leider ist die Frau ein Geist und seit über 300 Jahren tot", sagte Laoise, die an der Konversation eigentlich auch kein Interesse hatte, und Oisín mit ihren großen grünen Augen ansah.

„Eigentlich geht es darum, dass Liebe noch stärker ist als der Tod", erklärte Ríoghnach.

„Ich dachte, es geht in dem Lied um Selbstsucht", bemerkte Laoise nüchtern.

„Selbstsucht?", reagierte Ríoghnach verständnislos.

„Ja, die weiße Jungfrau ist dafür verantwortlich, dass der Mann am Ende stirbt. Er folgt ihr ins Grab, weil seine Liebe ihn blind gemacht hat. Hätte sie ihn wirklich geliebt, dann hätte sie das nicht zugelassen", erklärte Laoise ihren Standpunkt.

„Klingt überzeugend", sagte Oisín.

„Laoise, du bist ganz schrecklich unromantisch. Ich denke, dass es ein schönes Lied ist. Und Oisín, seit wann stehst du überhaupt auf ihrer Seite?", fragte Ríoghnach verärgert.

„Du hast Recht. Ich möchte mich vielmals dafür entschuldigen", entgegnete Oisín ein wenig spöttisch.

Ríoghnach räumte beleidigt das Feld.

„So, jetzt kann niemand mehr behaupten, ich hätte es nicht versucht", stellte Laoise nüchtern fest.

„Was meinst du? Gibt es ein Problem zwischen dir und Ríoghnach?", fragte Oisín verwundert.

„Nein, aber ich dachte, ich sollte mit der einzigen anderen Frau in unserer Gruppe besser auskommen", sagte Laoise.

„Ich finde es seltsam, dass du so etwas sagst. Du, die versucht so stark und tapfer wie ein Mann zu sein", bemerkte Oisín.

„Was meinst du mit ,versucht'?", fragte Laoise, wobei sie ihn lächelnd ansah.

In der Ferne war ein Schrei zu hören.

„Das kam vom Fluss", stellte Oisín fest und Laoise war bereits losgelaufen.

Alle eilten zum Fluss, den Finn und Laoise als erste erreichten. Dort sahen sie, dass ein Junge ins Wasser gefallen war. Er drohte zu ertrinken. Finn sprang sofort in den Fluss.

„Laoise schnell! Hilf mir!", rief Finn.

Der Fluss war reißend. Der Junge klammerte sich an einen Stein. Er konnte sich jedoch kaum noch halten. Die Strömung drohte ihn jeden Augenblick mitzureißen.

„Ich kann nicht. Ich kann nicht schwimmen", sagte Laoise verzweifelt.

Oisín folgte Finn ins Wasser. Zusammen konnten sie den Jungen sicher ans Ufer bringen. Er zitterte am ganzen Körper, war aber unversehrt.

„Du kannst nicht schwimmen? Was hast du dann im Königreich Tír fa Tonn gemacht?", fuhr Finn Laoise wütend an.

„Zum Eintritt ins Tír fa Tonn bedarf es der Fähigkeit zu schwimmen nicht! Das weißt du doch!", sagte Laoise bissig.

„Und woher hast du das gewusst? Was wäre gewesen, wenn du ins Meer gestürzt wärst? Du hättest ertrinken können!", schrie Finn sie weiter an.

„Ich glaube, darüber wäre niemand traurig gewesen", entgegnete Laoise nüchtern.

„Das ist nicht wahr und das weißt du", sagte Finn weicher, fast verletzt.

„Ich weiß, dass mindestens die Hälfte von euch wollte, dass ich scheitere", bemerkte Laoise, die damit nicht Unrecht hatte.

„Ich wollte nicht, dass du scheiterst. Ich wollte bestimmt nicht, dass du stirbst. Keine Geheimnisse mehr von jetzt an, denn ich weiß nicht, ob ich so etwas noch mal ertragen kann."

„Du hast Recht. Keine Geheimnisse mehr", sagte Laoise, die erstaunt war, dass sie Finn etwas bedeutete, was nichts mit Begehren zu tun hatte. Sie hatte ihre Beziehung zu Finn bisher als Zweckbündnis angesehen. Sie warf Oisín einen auffordernden Blick zu, doch Oisín wandte sich ab.

„So, wer bist du nun?", fragte Finn den Jungen.

„Ich bin Cumláin", sagte der Junge, der immer noch am ganzen Körper zitterte.

Ríoghnach gab ihm eine Decke.

„Und wo wohnst du, Cumláin?", fragte Finn.

„Ich wohne im Dún Ailinne", antwortete der Junge.

„Du wohnst im Dún Ailinne, dem Anwesen des Königs von Laighin?", fragte Finn amüsiert.

„Ja, ich bin der Sohn des Königs", entgegnete der Junge bestimmt.

Während die anderen sich noch um den Jungen kümmerten, ging Laoise zu Oisín. Cáilte und Diarmuid betrachteten die beiden argwöhnisch aus der Ferne.

„Das war nun die Gelegenheit, es ihm zu sagen", sagte Laoise verärgert.

„Ich konnte nicht", sagte Oisín, um Verständnis bittend.

„Aber warum nicht? Es ist solch eine Gabe."

„Ich denke, dass es eher ein Fluch ist."

„Es ist wundervoll, aber du willst das nicht sehen."

„Du verstehst das nicht. Es ist etwas anderes zuzugeben, dass man nicht schwimmen kann als zu sagen, dass man ein Geächteter ist. Unsere Lage ist grundverschieden", erklärte Oisín.

„Nein, ist sie nicht. Ich verstehe dich nur zu gut, aber im Grunde interessiert dich das nicht. Du willst gar kein Verständnis, du möchtest dich lieber deinem Selbstmitleid hingeben. Wahrscheinlich habe ich mich geirrt, du bist nicht so mutig, wie ich dachte", sagte Laoise und ließ Oisín allein.

„Laoise, weißt du, wie lächerlich das ist, nachdem was passiert ist?", rief er ihr hinterher, so dass es auch die anderen hören konnten. Doch Laoise reagierte nicht. Sie war verunsichert und konnte sich das, was sie für Oisín empfand, nicht eingestehen. Es gehörte einfach nicht zu ihrem Plan. Am liebsten wäre sie davongelaufen, hätte das Geschehene vergessen und sich im äußersten Winkel des Garrán Dubh verkrochen.

Wie sich herausstellte, war Cúmlain wirklich der Sohn von Bressal Enechglass, dem König von Laighin. Der König und die Königin von Dún Ailinne waren überglücklich, dass sie ihren Sohn wiederhatten. Obwohl die Reisenden jede Entlohnung ablehnten und zu bedenken gaben, dass sie schnell weiterziehen müssten, veranstaltete das Königspaar ein Festmahl für sie. Alle hatten sich in der Halle des Königs versammelt, die herrlich geschmückt war und durch unzählige Kerzen erhellt wurde. Die Königsfamilie und die Reisenden saßen an einem langen Tisch. König und Königin saßen in der Mitte, Finn, Ríoghnach und Cáilte zur Rechten des Königs, während Laoise, Oisín und Diarmuid am andern Ende des Tisches saßen.

„Es sieht so aus, als ob wir auch einmal Glück hätten", stellte Cáilte fest.

„Ja, sieht so aus. Selbst Laoise und Oisín scheinen diesmal zufrieden zu sein. Sowieso sieht es so aus, als ob Laoise und Oisín nun besser miteinander auskommen", meinte Finn.

„Finn, die beiden reden nicht mehr miteinander. Ich dachte, das wäre dir vielleicht aufgefallen", wandte Ríoghnach überrascht ein.

„Wenigstens streiten sie sich nicht mehr unentwegt", meinte Cáilte.

„Ich sehe das nicht als eine Verbesserung an", sagte Ríoghnach fassungslos.

„Aber vielleicht ist es das. Wenigsten müssen wir es so nicht mehr ertragen", sagte Finn. Für den Moment hatte er keine Lust mehr, sich mit diesem leidigen Thema auseinanderzusetzen.

„Ich sehe nur, dass die beiden darunter leiden. Ich glaube, sie sind im Grunde nicht so verschieden. Unter anderen Umständen würden sie vielleicht sogar ein gutes Paar abgeben", entgegnete Ríoghnach, die ihre eigene Theorie darüber hatte, was am Loch nDarbrech passiert war.

„Laoise und Oisín? Weißt du Ríoghnach, du bist eine intelligente, hübsche Frau, aber manchmal sagst du sehr seltsame Sachen", sagte Cáilte, irgendwo zwischen verstört und erheitert.

Bressal Enechglass erhob sich.

„Finn, Sohn von Cumhal, ich verdanke Euch so viel. Ihr habt das Leben meines Sohnes gerettet und Euer eigenes dafür riskiert. Und das alles obwohl Ihr nicht wusstet, dass er der Sohn des Königs ist und Ihr möglicherweise eine hohe Belohnung zu erwarten habt. Ihr seid besonnen und mutig. Man könnte Connacht kaum einen besseren König wünschen. Ich möchte Euch für Euren Großmut belohnen. Ich habe lange darüber nachgedacht, was für eine Belohnung Eurer Tat angemessen ist", verkündete der König.

Finn unterbrach den König an dieser Stelle. Die Rede war ihm sichtlich peinlich.

„Eure Dankbarkeit ist Lohn genug für mich", sagte er.

„Wie ich sehe, gehört Bescheidenheit ebenfalls zu Euren Tugenden. Ich habe beschlossen Euch mit dem wertvollsten Besitz zu entlohnen, den ich habe. Diener!"

Ein Diener des Königs überreichte Finn etwas, das aussah wie ein alter Mantel.

„Wir bekommen einen Mantel dafür, dass wir unser Leben riskiert haben", flüsterte Oisín zu Laoise, die darauf allerdings nicht reagierte.

„Dieser Mantel hat magische Fähigkeiten, wenn man weiß, wie man ihn zu benutzen hat. Außerdem möchte ich Euch mein schnellstes Pferd schenken. Auf Eurer weiteren Reise wird Euch sicher beides von Nutzen sein."

„Vielen Dank", sagte Finn gerührt.

„Ich wünsche Euch viel Glück bei Eurem Vorhaben. Ich würde mit Euch kommen, doch ich habe andere Verpflichtungen", sagte der König, der seine Frau und sein Kind ansah. Die Königin lächelte verlegen. Ríoghnach betrachtete die beiden. Sie fragte sich, ob ihre Zukunft wohl so aussehen könnte.

„Entschuldigt mich bitte. Ich bin müde und würde gern schlafen gehen", sagte Laoise.

„Natürlich, man wird dir dein Bett zeigen", sagte Bressal Enechglass und Laoise wurde von einer Dienerin aus dem Saal geführt.

„Was ist Oisín, willst du dich nicht daneben legen?", fragte Diarmuid.

Oisín reichte es ein für allemal und reagierte viel zu laut:

„Was ist denn, wenn es so wäre!"

Diarmuid erschrak vor Oisín scharfen Ton und auch die übrigen schauten Oisín, den sonst so leicht nichts aus der Ruhe bringen konnte, verwundert an.

„Entschuldigung, das ist natürlich deine Sache", sagte Diarmuid verwirrt.

„Tut mir Leid, ich ... Ach, ich weiß auch nicht. Ich hätte gerne noch etwas Wein", sagte Oisín langsam.

„Das ist doch zumindest ein guter Anfang", lachte Finn.

Und Cáilte war sich auf einmal nicht mehr ganz so sicher, ob Ríoghnach nicht vielleicht Recht gehabt hatte. Unter anderen Umständen würden Oisín und Laoise ein gutes Paar abgeben. Cáilte fand wenig Gefallen an diesem Gedanken.

Am Morgen nach dem Festmahl brachen die Reisenden wieder auf. Das Wetter war wenig freundlich. Es regnete und der Wind fegte hart über das Land. Doch wenigstens konnten sich die Reisenden am Morgen von ein paar neuen Freunden verabschieden. Bressal Enechglass hatte dafür gesorgt, dass sie auch mit genügend Proviant versorgt waren. Außerdem hatte der König von Laighin den Reisenden einen guten Rat gegeben, nämlich sich von Caiseal, der Hauptstadt Mumhains so weit es geht fernzuhalten. Seltsame Dinge geschahen in Mumhain, dem Königreich des Südens. Dennoch war Bressal Enechglass sich sicher, dass er und Finn sich nicht zum letzten Mal gesehen hatten. Aber das war eine Zuversicht, die nicht jeder teilte. Laoise beispielsweise hatte immer weniger Vertrauen in ihr Unterfangen und setzte alles daran, sich das nicht anmerken zu lassen. Es war viel zu spät, um sich noch umzuentscheiden, redete sich Laoise ein.

„Wir werden bald die Grenze zu Mumhain passieren", sagte Finn.

„Das Licht scheint heller und heller. Wir haben unser Ziel fast erreicht", bestätigte Laoise.

Auf der Ebene Magh nAla fing das Licht plötzlich an zu flackern. Laoise war erschrocken.

„Der Feind ist näher, als wir dachten."

Auch Oisín war zutiefst beunruhigt. Diesmal gab es keinen Wald, in dem sie sich verstecken konnten.

„Ich fühle, dass wir diesmal nicht so einfach davon kommen werden", sagte Laoise, die ihr Schwert zog. Oisín sah in Laoises Augen das erste Mal Angst und das erschreckte ihn.

„Jemand wird sterben", erkannte Oisín.

„Nimm das Pferd und reite weg! Wir machen das schon! Schnell!", rief Laoise zu Ríoghnach hinüber.

„Wir finden dich später. Reite weiter nach Südwesten. Wir halten sie auf", sagte Finn zu Ríoghnach und half ihr aufs Pferd. Laoise drückte ihr das Licht Loinnir Síorai in die linke Hand. Ihre Umgebung erschien Ríoghnach plötzlich so unwirklich wie in einem Traum. Sie sah, wie die Landschaft schnell an ihr vorbei zog und bemerkte erst dann, dass das Pferd bereits angefangen hatte zu galoppieren. Ihr Herz schlug immer schneller und das Pferd trug sie weiter und weiter, bis sie ein paar Felsen erreichte, hinter denen sie Zuflucht fand. Es kam ihr so vor, als wäre sie eine Ewigkeit geritten. Doch als ihr Herzschlag schließlich wieder langsamer wurde, konnte sie in der Ferne das Zusammenschlagen der Schwerter hören. So weit war sie also gar nicht gekommen. Sie überlegte, ob sie zurückschauen sollte, entschied sich aber dagegen. Sie wollte diesen Kampf nicht mitansehen.

„Nehmt die Speere! Schnell! Wir müssen sie von ihren Pferden holen, sonst haben wie keine Chance!", rief Finn. Fünf schwarze Reiter stürmten auf ihren schrecklichen Pferden direkt auf sie zu. Finn lief mit einem Speer auf einen der schwarzen Reiter zu, visierte ihn kurz an, ließ den Speer los und traf das Pferd ins rechte Vorderbein. Das Tier gab einen entsetzlichen Laut von sich, sank zu Boden und riss den Reiter mit sich. Dieser stand schnell wieder auf und zog sein Schwert.

„Ich kann das nicht! Mir fehlt die Kraft dazu", sagte Laoise verzweifelt.

„Oisín, übernimm du ihn!", rief Finn schnell und griff sich den nächsten Speer. Er holte auch den zweiten Reiter vom Pferd. Cáilte und Diarmuid hatten keine Zeit mehr darüber nachzudenken, ob sie vielleicht nicht treffen würden oder zu schwach waren. Sie mussten werfen. Jetzt! Und sie trafen – fast zu ihrer eigenen Verwunderung. Finn nahm sich den letzten Speer und riss so den fünften Reiter vom Pferd. Nun standen Finn, Oisín, Laoise, Diarmuid und Cáilte jeweils einem Gegner gegenüber. Hinter den metallischen Helmen blickten die Fünf in tiefschwarze Augen, die im Sonnenlicht seltsam blitzten. Sie konnten ihren eigenen Atem sehen; die Kälte die sie umgab aber nicht spüren. Auf ihren Körpern trugen die dunklen Angreifer ebenfalls etwas Metallisches. Finn erinnerte sich an den Kampf gegen Daire Donn bei der Schlacht von An Trá Bhan. Er hielt das Schwert, das Daire Donns Rüstung durchstoßen hatte, auch heute in den Händen. Finn hoffte, das es auch diesmal nicht versagen würde – dass er nicht versagen würde.

Laoise erkannte in den Schlägen und dem Abwehrverhalten ihrer Gegner Muster, die den anderen verborgen blieben. Sie konnte Zeichen deuten, die andere einfach nicht sahen. So hatte Laoise Finn geschlagen. Doch nun blickte Laoise in ein abgrundtiefes Nichts, wenn sie versuchte den nächsten Schritt ihres Gegners vorherzusehen. Ihre Gabe hatte bei diesen Angreifern keinen Nutzen. Laoise hatte eher das Gefühl die Angreifer würden ihre Gedanken lesen und ihr Handeln voraussehen. Sie hatte große Mühe den starken Schlägen ihres Gegners etwas entgegenzusetzen.

„Du kannst sie abblocken!", rief Finn zu ihr herüber.

„Ja, aber wie?", schrie Laoise und ein weiterer Schlag traf die Klinge ihres Schwertes. Sie konnte es gerade noch halten.

„Schau ihnen in die Augen und konzentriere dich, dann kannst du auf das Wesen ihres Seins blicken", antwortete Finn.

„Es funktioniert nicht. Ich kann ihn nicht fixieren!", sagte Laoise außer Atem.

Oisín, Cáilte und Diarmuid verstanden nicht, wovon Finn und Laoise sprachen, aber was immer es war, bei Finn schien es zu funktionieren: Sein Gegner griff an und Finn parierte und konnte gleich zum Gegenschlag ausholen. Er glitt mit seinem Schwert an der Klinge seines Gegners entlang und verletzte diesen am rechten Arm. Eine schwarze Flüssigkeit quoll aus der Wunde hervor.

Laoise versuchte Finns Worte zu befolgen. Sie schaute ihrem Gegner in die Augen, so als ob sie hoffte darin irgendetwas zu finden. Doch sie blickte weiterhin in eine endlose Leere.

„Ich lasse mich von dir nicht unterkriegen! Dafür mache ich das schon viel zulange!", schrie sie.

Finn befand sich links von Laoise. Sie beobachtete ihn aus dem Augenwinkel und konnte erkennen, dass er zum letzten Schlag ausholte. Wie der dunkle Angreifer schließlich zu Boden fiel, konnte Laoise nicht mehr sehen, denn sie musste abermals einem Schlag ihres Gegners ausweichen.

Finn wollte sich zwischen Loaise und ihren Gegner stellen.

„Ich bekomme das schon hin! Hilf lieber den anderen! Wieso bist du auf einmal so gut?", keuchte Laoise.

„Ich wachse mit meinen Aufgaben", antwortete Finn und ging zu Diarmuid und Cáilte. Die beiden hatten große Mühe das Tempo ihrer Gegner mit zu gehen. Man konnte Diarmuid und Cáilte nicht gerade zu den besten Schwertkämpfern Érius rechnen; allerdings waren beide auch nicht unbedingt daran gewöhnt zu verlieren. Als sie sahen, dass Finn zu ihnen herüber kam, weil er seinen Gegner bereits besiegt hatte, waren sie mehr als erleichtert. Finn übernahm Cáiltes Gegner und dieser half Diarmuid.

Oisín tat sich im Vergleich zu den anderen mit seinem Gegner leicht. Zugegeben der Angreifer war ein bisschen größer als er, hatte kohlschwarze kalte Haut, schwarze Augen und trug am Körper etwas das ihn scheinbar unverwundbar machte. Aber darüber hinaus war nichts besonders an ihm. Oisín empfand den Kampfstil seines Gegners eher monoton und geistlos. Er hatte die Worte Finns ebenfalls gehört. Auf das Wesen des Seins blicken. Was sollte das bedeuten? Und warum tat sich Laoise so schwer? Oisín hatte sie nach ihrem Auftreten im Garrán Dubh für eine sehr viel bessere Kämpferin gehalten. Er betrachtete die vor ihm kämpfende Laoise mit Sorge. Was war los mit ihr? Oisín kam es zunächst so vor als hätte Laoise einfach den schwereren Gegner erwischt. An ihrer Technik lag es jedenfalls nicht. Technisch machte sie ihre Sache gut, doch Laoises Gegner war ihr immer einen Schritt voraus. Nachdem er Laoise einige Minuten beobachtet hatte, ohne die Kontrolle über seinen eigenen Gegner zu verlieren, war Oisín klar, dass Laoise mit ihren eignen Waffen konfrontiert wurde. Ihr Gegner konnte sehen, was sie als nächstes tat. Oisín sollte sich beeilen, um ihr zu helfen. Er hatte noch nie ein Leben genommen. Natürlich hatte Oisín Tiere gejagt und getötet, aber das hier war etwas anderes. Er versuchte sich einzureden, dass sein Gegenüber nicht menschlich war, was ihm zunächst misslang. Die Kampftechnik von Oisíns Gegner war simpel – absolut durchschaubar. Auf was wartete er noch? Oisín blickte erneut hinüber zu Laoise. Er sah, dass sie beim letzten Schlag beinahe ihr Schwert verloren hätte. Als nächstes hörte er ein kreischendes Geräusch und sah, dass sein Gegner zu Boden sank. Oisín betrachtete sein Schwert und sah das seine Klinge verschmiert war. Erst dann wurde ihm klar, dass er das getan hatte.

Oisín blickte wieder zu Laoise. Sie sah ihrem Gegner direkt ins Gesicht. Ihre Augen sahen dabei ganz unnatürlich aus, so als wären sie nur das verzerrte Spiegelbild ihrer echten Augen. Plötzlich flackerte Laoises Blick für den Bruchteil einer Sekunde auf. Der Moment war so kurz, dass Oisín sich nicht sicher war, ob er es wirklich gesehen hatte. Dann holte Laoise mit ihrem Schwert aus. Es war eine langsame fließende Bewegung, die am Hals des Angreifers auftraf und durch ihn hindurch glitt. Für Oisín passierte es so langsam; er hätte die dicken schwarzen Tropfen, die an der Klinge von Laoises Schwert hinabliefen, einzeln zählen können.

„Oisín, was ist?", hörte dieser Laoise sagen.

„Lass uns das jetzt beenden!"

Laoise ging mit erhobenem Schwert zu Cáilte und Diarmuid herüber, die bereitwillig zur Seite traten. Sie streckte den nächsten schwarzen Reiter mit nur einem einzigen Schlag nieder. Ihr Schwert bohrte sich dabei durch das Lèine des Angreifers als wäre es aus gewöhnlicher Wolle.

„Finn, du hattest Recht, wenn man es einmal raus hat, dann ist es ganz einfach – Warum dauert das bei mir so lange?", sagte Laoise mit einem empfindungslosen und hohlen Lachen.

Die anderen kamen nicht umhin Finn anzuschauen, der gegen den letzten schwarzen Reiter kämpfte. Oisín sah auch in Finns Augen etwas kurz aufblitzen. Er hatte sich also eben nicht getäuscht. Finn brachte seinen Gegner mit einem Schlag aus dem Gleichgewicht und mit einem zweiten Schlag drang sein Schwert durch dessen Oberkörper. Es war vorbei! Oisín, Cáilte und Diarmuid atmeten erleichtert durch, während Finn und Laoise immer noch ein teilnahmsloses Leuchten in den Augen stand. Der Kampf hatte die beiden verändert. Oisín fragte sich, was mit ihnen geschehen war. Was hatten sie in den Augen ihrer Angreifer erkannt, kurz bevor sie ihre Gegner niederge-streckt hatten? Hatten Oisíns eigene Augen vielleicht auch so kalt und teilnahmslos ausgesehen, als er den schwarzen Reiter getötet hatte? Oisín bereute es nicht, dass er sich an den Akt als solchen nicht erinnern konnte.

Cáilte und Diarmuid ließen sich vor Erschöpfung zu Boden sinken. Oisín blickte sich langsam um. Fünf leblose Körper lagen auf der Ebene Magh nAla verteilt. Die schwarze Flüssigkeit, die aus den Körpern geflossen war, hatte die Erde dunkel gefärbt. Finn und Laoise standen etwa fünfzehn Schritte von Oisín entfernt über einen der Körper gebeugt und diskutierten. Finn zog dem Toten den Helm aus. Oisín war erstaunt, wie ruhig die beiden blieben. Laoises und Finns Abgeklärtheit war ihm unheimlich, so als ob er die beiden gar nicht richtig kannte.

Ríoghnach hörte währenddessen in ihrem Versteck die Schwerter verstummen Wer hatte gewonnen? Sie musste es wissen und zwar jetzt. Sie nahm das Licht Loinnir Síorai in die eine Hand und die Zügel des Pferdes in die andere und ging zurück.

Dann passierte es. Warum Finn und Laoise es nicht merkten, wussten sie später auch nicht. Berauscht durch den Sieg und abgelenkt durch das, was der Helm des Reiters verborgen hatte, spürten sie nichts. Cáilte und Diarmuid saßen immer noch auf dem Boden. Sie fühlten sich entkräftet, aber aus irgendeinem Grund sicher. Und so war Oisín der einzige, der es kommen sah, aber da war es bereits zu spät. Ein weiterer schwarzer Reiter galoppierte über die Ebene Magh nAla auf sie zu. In den Händen hielt er etwas, das metallisch im Sonnenlicht glänzte. Oisín sah sofort, dass es kein Schwert war. Er rief etwas, von dem die anderen später glaubten, dass es „Er hat einen Bogen" geheißen haben musste. Jetzt drehten sich Finn und Laoise um, aber der schwarze Reiter hatte sie bereits anvisiert und überlegte nur noch ganz kurz, wen der beiden er sich zuerst vornehmen sollte. Er entschied sich für die Frau.

Zur Verwunderung der anderen, aber auch zu seiner eigenen dematerialisierte sich Oisín und fing den Pfeil ab, der sich durch seine rechte Schulter bohrte. Er rettete Laoise das Leben. Geistesgegenwärtig warf Finn sein Schwert nach dem Reiter und traf. Der Reiter fiel. Finn nahm Laoise ihr Schwert aus den Händen und stellte damit sicher, dass der Reiter nicht wieder aufstand.

„So war das nicht geplant", sagte Laoise aufgelöst. Sie hielt Oisín in den Armen.

„Das ist nicht deine Schuld", sagte Oisín mühsam.

„Warum hast du das nur getan?", fragte Laoise, den Tränen nahe.

„Ich will, dass du lebst", sagte Oisín.

In diesem Augenblick kam Ríoghnach zurück. Aus der Ferne sah sie gleich, dass etwas nicht stimmte. Sie erkannte beim Näherkommen zwar schnell, dass die schwarzen Reiter nicht gewonnen hatten, konnte aber auf der Ebene Magh nAla auch nur vier stehende Personen ausmachen. Sie fing an zu laufen und dann sah sie, was passiert war. Finn nahm Ríoghnachs Rückkehr nur kurz zur Kenntnis und schaute dann wieder zu Laoise, die vor Oisín kniete.

„So kann das nicht enden. So darf das nicht enden", sagte Laoise verzweifelt.

„Es gibt nichts, was du doch für mich tun könntest. Der Pfeil war vergiftet. Ich spüre das Gift in meinen Adern. Das übersteigt deine Macht. Doch mir macht es nichts aus zu sterben, denn ich habe in meinem Leben nicht das erreicht, was ich wollte", sagte Oisín mit großer Mühe.

„Nicht sprechen. Wir müssen den Pfeil rausziehen. Das wird wehtun", sagte Laoise.

Sie umfasste den Pfeil mit beiden Händen und zog ihn raus. Oisín schrie laut auf. Die anderen waren wie gelähmt. Sie mussten das, was da eben passiert war, erst noch begreifen.

„Es gibt etwas, das ich tun kann. Finn, gib mir das Pferd. Ich werde Oisín zu den heiligen Quellen von Sláine bringen. Sie haben heilende Kräfte. Ich muss es versuchen", sagte Laoise und wischte sich die Tränen aus dem Gesicht.

„Natürlich. Nimm, was du brauchst", sagte Finn, der die Tragweite der Ereignisse noch immer nicht verstanden hatte.

„Dann treffen wir uns bei Tráigh Lí", sagte Laoise. Sie stieg auf das Pferd. Die anderen halfen Oisín hoch.

„Den Bogen. Gib mir den Bogen!", sagte Laoise zu Finn.

„Du kannst damit umgehen?", fragte er und Laoise nickte stumm. Dann ritt sie los. Alles geschah so schnell, dass die anderen vollkommen verwirrt zurückblieben.

„Was ist da gerade passiert?", fragte Cáilte erstarrt.

„Ich weiß nicht", entgegnete Diarmuid.

„Er hat sich einfach in Luft aufgelöst", stellte Cáilte fest.

„Er scheint wohl da herzukommen, wo ich auch herkomme", bemerkte Ríoghnach. Tränen liefen ihr über das Gesicht.

„Das war es also, was er vor uns verborgen hat", sagte Finn.

„Er hat es nicht vor uns allen verborgen. Laoise hat es gewusst", meinte Ríoghnach.

„Ja, sie hat das Ganze nicht überrascht. Sie hat nicht gefragt, wie hast du das gemacht, sondern warum", pflichtete Cáilte ihr bei.

„Ich verstehe nicht, warum er ihr mehr traut als uns", sagte Diarmuid, der meistens zum genau richtigen Zeitpunkt, das Falsche sagte.

„Ich bin sicher, dass er seine Gründe hat. Aber wie dem auch sei, jetzt ist nicht der richtige Zeitpunkt um darüber nachzudenken. Wir sollten ein Nachtlager möglichst weit von hier suchen", sagte Finn, der als erster seine Fassung wiederfand. Er nahm Ríoghnach, die mittlerweile angefangen hat hemmungslos zu weinen, in seine Arme.

„Was sind das für heilende Quellen? Gibt es noch eine Chance?", fragte Cáilte.

„Die Tuatha de Danaan haben diese Quellen bei der ersten Schlacht von Magh Tuireadh benutzt, um ihre Verwundeten zu heilen", erklärte Finn.

„Bei der Schlacht Magh Tuireadh haben doch die Tuatha de Danaan die Firbolg besiegt", sagte Diarmuid.

„Das ist richtig", antwortete Finn.

„Aber Oisín ist, wie es scheint, ein Firbolg. Die Tuatha de Danaan werden ihm nicht helfen. Sie hassen uns", schluchzte Ríoghnach.

10. Die Quellen von Sláine

er Ritt zu den heilenden Quellen von Sláine war lang und beschwerlich. Laoise und Oisín mussten Connacht komplett durchqueren. Das Gift breitete sich langsam in Oisíns Körper aus. Laoise spürte, dass er es nicht schaffen würde. Der Garrán Dubh lag viel näher als Sláine und so beschloss Laoise ihren Vater aufzusuchen. Als sie am Rande des Garrán Dubh ankamen, war es bereits Nacht geworden. Schnell ritt Laoise den engen Pfad durch den Wald entlang. Diesmal sah Oisín im Fieberwahn all die wundersamen Dinge, die es im Garrán Dubh geben sollte: die bunten Vögel, die Einhörner, sogar die Giftpilze und die menschenfressenden Bäume.

Als Laoise und Oisín das Haus des Druiden erreichten, erblickte Oisín nur noch die hellen Sterne am Himmel, dann verlor er das Bewusstsein. Laoise klopfte an die Tür des Hauses.

„Bitte mach auf. Ich bin es", rief Laoise verzweifelt.

Der Druide öffnete die Tür

„Bitte, hilf mir. Er wird sonst sterben", sagte Laoise um Fassung bemüht.

Der Druide, der nun gar nicht mehr so gebrechlich wirkte, half Laoise, Oisín ins Haus zu bringen. Sie legten ihn auf den großen Holztisch, der unter dem Fenster stand. Von Innen war das Haus des Druiden alles andere als schäbig. Der Boden war mit Tierfellen ausgelegt. In der Mitte des Hauses brannte ein Feuer, über dem ein Kessel hing. Eine Treppe führte zum Dachboden. Dort lagerten die Vorräte und dort hatte Laoise auch ihr Zimmer gehabt. Laoise kam es wie eine Ewigkeit vor, dass sie hier gewesen war, obwohl weniger als zwei Monde vergangen waren.

„Ein Firbolg. Welch seltener Anblick in diesen Tagen", stellte der Druide fest.

„Bitte tu' was. Er hat mir das Leben gerettet. Wir können ihn nicht sterben lassen", flehte Laoise ihren Vater an.

Der Druide betrachtete Oisíns Wunde.

„Wie lang ist es her?", fragte Druide.

„Etwa sechs Stunden", antwortete Laoise.

„Ich kann ihn nicht retten. Ich kann nur die Wirkung des Giftes verlangsamen", erklärte der Druide und stieg auf den Dachboden.

„Was ist denn so wichtig an diesem Firbolg?", fragte er interessiert von oben.

„Finn ist auf ihn angewiesen", sagte Laoise, meinte dabei jedoch: Ich bin auf ihn angewiesen.

„Was kann er denn alles? Sich in Tiere verwandeln? Sich in Luft auflösen?" fragte der Druide weiter.

„Ja", sagte Laoise kurz.

„Zweifellos eine seltene Gabe. Wenn das stimmt, wäre er für die Tuatha de Danaan durchaus nicht uninteressant. Vielleicht lässt sich Airmed, die alte Hexe, ja auf einen Handel ein. Du bist doch auf dem Weg zu ihr, oder?", fragte der Druide.

„Ja, wohin könnte ich sonst noch gehen? Du meinst, sie wird uns helfen, obwohl er ein Firbolg ist?", fragte Laoise hoffnungsvoll.

„Ja, bei seinen Fähigkeiten. So weit geht der Hass zwischen den Tuatha de Danann und den Firbolg dann auch nicht. Sich zu dematerialisieren ist eine Fähigkeit nach der die Tuatha de Danaan schon lange trachten. Sie denken, dass das vielleicht der entscheidende Vorteil gegenüber den anderen Völkern Érius sein könnte", erklärte der Druide.

„Ist das nicht ein wenig einfältig. Ich meine, wie wollen sich die Tuatha de Danaan denn die Fähigkeiten der Firbolg aneignen? Wollen sie ihre Erzfeinde dazu zwingen auf ihrer Seite zu kämpfen? Ich habe den Herrscher des Tír fa Tonn kennen gelernt und er würde ganz sicher lieber sterben!", rief Laoise von unten.

„Das einfachste wäre es sich die Fähigkeiten der Firbolg durch Fortpflanzung anzueignen. Die Tuatha de Danaan und Firbolg sollen da ja aufgrund der gemeinsamen Herkunft durchaus kompatibel sein", sagte der Druide, während er die Holztreppe wieder herunterstieg. Er hatte eine Mixtur in einer kleinen silbernen Flasche dabei.

Der Druide zog Oisín den Inar aus, um die Wunde besser betrachten zu können.

„Na, was haben wir denn da? Ein Verbannungszeichen. Jetzt wird die Sache richtig spannend! Hast du das gewusst? Da wird Airmed wahrscheinlich nicht viel Überredenskunst brauchen", sagte der Druide aufgeregt.

Doch Laoise hörte nicht, ihr lief ein kalter Schauer über den Rücken. Was hatte sie nur angerichtet?

„Hast du das gewusst, dass der Firbolg ein Ausgestoßener ist?", wiederholte der Druide seine Frage.

„Nein, das habe ich nicht gewusst", log sie schnell.

„Das hier wird noch etwas dauern. Im Kessel ist noch Suppe. Bedien dich doch", sagte der Druide.

Als ob ich jetzt etwas essen könnte, dachte Laoise und betrachtete das Feuer, das unter dem Kessel brannte.

„Du kennst doch den Weg nach Sláine?", fragte der Druide. Er gab ein paar Tropfen der Mixtur auf Oisíns Wunde.

„Ja", beantwortete Laoise die Frage.

„Airmed ist verdorben. Lass dich auf keinen Fall auf einen Handel ein, der dich selbst betrifft. Das sind Finn und dieser Firbolg nicht wert", belehrte der Druide seine Tochter.

„Ja, natürlich nicht", meinte Laoise geistesabwesend.

„Ich hoffe, du vergisst nicht, weshalb du mit Finn gezogen bist", ermahnte sie der Druide.

„Keine Sorge, ich vergesse es nicht", sagte Laoise gleichgültig.

Erst jetzt bemerkte der Druide das Licht, das Laoise am Eingang abgestellt hatte.

„Du hast es also tatsächlich geschafft", nickte der Druide anerkennend.

„Ja", sagte Laoise kurz und ungeduldig. Sie hatte jetzt keine Zeit zu reden.

„War es schwer?", fragte der Druide jedoch weiter und holte aus einem Schrank ein Tuch, um es als Verband zu benutzen.

„Nicht besonders", sagte Laoise angespannt. Hier einfach nur rumzustehen und nichts tun zu können, war eine Qual für sie.

„Der einfältige Herrscher des Königreichs Tír fa Tonn hat es dir einfach gegeben? Besonders intelligent waren die Firbolg ja nie."

„Ich muss weiter", sagte Laoise schließlich, ohne ihrem Vater weiter zuzuhören.

Jetzt da er mit der Behandlung fertig war, merkte der Druide endlich, dass etwas mit Laoise nicht stimmte.

„Es ist Finn nicht wahr? Hat er dich etwa angefasst?", fragte Druide.

„Nein, hat er nicht", antwortete Laoise.

„Aber irgendetwas hat sich verändert."

Der Druide hielt seine Tochter am Arm fest.

„Es hat sich gar nichts geändert", sagte Laoise und riss sich los.

„Laoise, ich möchte nur nicht, dass sich die Geschichte wiederholt. Bedenke was mit Muirre passiert ist. Ich möchte nicht noch jemanden verlieren", redete der Druide auf Laoise ein.

Laoise half Oisín hoch und wollte das Haus verlassen.

„Ich helfe dir."

Der Druide half den beiden aufs Pferd.

„Laoise, ich möchte nur das Beste für dich."

„Ja, ich weiß", sagte Laoise und ritt los ohne sich umzusehen.

Auf dem Weg durch den Wald erlangte Oisín das Bewusstsein wieder.

„Was ist passiert? Waren wir bei deinem Vater?", fragte er.

„Nein. Das ist das Fieber", antwortete Laoise.

„Das stimmt nicht. Er weiß es, oder?", fragte Oisín und verlor das Bewusstsein wieder.

„Wenn er es wüsste, hätte er uns kaum geholfen", entgegnete Laoise. Doch Oisín hörte sie nicht mehr.

„Oisín, du darfst jetzt nicht aufgeben, bitte", flüsterte Laoise.

Die Quellen von Sláine stammten aus einer Zeit, in der die Tuatha de Danaan Schlachten führten und gewannen. Dian Cecht und seine Tochter Airmed hatten sie verwandelt und den Quellen ihre heilende Wirkung gegeben. Nach der Schlacht von Magh Tuireadh brauchten die Tuatha de Danaan die Quellen nicht mehr. Die meisten vergaßen nicht nur den Ort, wo sie sich befanden; die bloße Existenz der Quellen war vielen Tuatha de Danaan völlig unbekannt. Doch Laoise wusste, wo sie suchen musste. Sie wusste auch, dass das, was auch immer hier schlief, kampflustig, hochmütig und stolz war. Alles Eigenschaften, die man den Tuatha de Danaan eigentlich zu Unrecht nachsagte – nur hier trafen sie zu. An diesem Ort war die Zeit nach der Schlacht von Magh Tuireadh stehen geblieben. Es war jene Zeit in der die Tuatha de Danaan noch nicht wussten, dass sie das sanfte Spiel der Harfe mehr schätzten als das Klirren von Schwertklingen, die aufeinander schlugen. Was in Sláine wohnte, war ursprünglich, instinktiv und primitiv. Hatte Laoise Angst? Sie wusste es selbst nicht – keine Zeit darüber nachzudenken. Keine Zeit zu rasten. Laoise musste sich beeilen. Sie konzentrierte sich auf das Hier und Jetzt. Sie musste weiter und weiter.

Oisín hatte einen seltsamen Traum. Er lag in einem Bett und Laoise lag neben ihm. Die Luft war mit einem seltsamen Rauschen erfüllt. Es hörte sich fast an wie Meeresrauschen. Außer diesem Geräusch herrschte absolute Stille. Laoise lag mit dem Rücken zu Oisín, so dass er ihr Gesicht nicht erkennen konnte. Er streichelte ihr Haar und drehte sie langsam um. Er erschrak, denn er blickte nicht ihr Gesicht, sondern sah eine schwarze Maske. Dann befand er sich plötzlich an einem anderen Ort. Es war ein warmer Sommertag und Oisín schaute auf einen großen See. Laoise stand vor ihm am Ufer. Wieder hatte sie ihm den Rücken zugewandt. Er rief sie, doch Laoise antwortete nicht. Er ging zu ihr herüber und berührte sie an der Schulter. Da sprach sie zu ihm:

„Wenn du in mein wahres Gesicht blickst, werde ich dich töten."

Oisín ging um sie herum und erblickte ihr Gesicht. Laoise zog ein Messer und stach auf ihn ein. Oisíns Blut tropfte auf den weißen Sand.

„Aber warum?"

„Weil du gesehen hast, wer ich wirklich bin."

„Aber ich habe gar nichts gesehen."

Die Bilder wurden immer verschwommener, bis es um Oisín dunkel wurde, dann schlug er die Augen wieder auf und hörte Laoises Stimme.

„Wir sind da."

Die Quellen von Sláine waren auf den ersten Blick vollkommen unspektakulär. Ein Wanderer wäre vorbeigezogen, ohne die Besonderheit dieser Quellen zu bemerken oder auch nur zu vermuten. Die Quellen von Sláine entsprangen am Fuße eines Berges und stauten sich zu einem kleinen See. Die Quellen als solche waren kaum zu erkennen. Wenn man genau hinschaute, konnte man lediglich an einigen Stellen ein paar kleine Bläschen sehen, die langsam nach oben stiegen. Dieser Ort sah absolut gewöhnlich aus, aber es war eben diese Gewöhnlichkeit, die diesen Ort über Jahrhunderte verborgen gehalten hatte.

Laoise stieg vom Pferd ab und half Oisín hinunter. Er war sehr schwach und kaum noch in der Lage seine Augen offen zu halten. Sie half ihm zur Quelle und benetzte seine Wunde mit dem Wasser.

„Es ist zu spät", sagte Oisín leise.

„Sag das nicht", sagte Laoise.

Oisín verlor das Bewusstsein erneut.

„Das darf nicht geschehen. Bitte, ich gebe euch, was ihr wollt, aber lasst ihn leben", rief Laoise verzweifelt.

Zuerst passierte gar nichts. Doch dann fing das Wasser an zu zittern. Es wurde laut. Große Blasen stiegen auf. Airmed, die Hüterin der Quellen von Sláine stieg aus dem Wasser. Sie hatte langes rotes Haar, das um ihren ganzen Körper gewunden war. Ihre Haut war blass und makellos. Ihre Augen waren blau, aber nicht so wie Oisíns Augenfarbe. Sie gingen ins gräuliche über und sahen aus wie das Meer, wenn es an einem trüben Tag wütend tobte. Ohne zu blinzeln, starrte Airmed Laoise an.

„Laoise, Tochter des Druiden von Garrán Dubh, was könntest du mir schon anbieten. Du besitzt nichts, was ich begehre", sagte Airmed.

„Ich biete euch mein eignes Leben. Nehmt mein Leben statt seines", sagte Laoise ohne zu zögern.

„Laoise, du musst verstehen, dass ich das nicht tun kann. Der König des Reiches Tír fa Tonn hat dir das Licht Loinnir Síorai anvertraut. Du musst dein Schicksal erfüllen. Finn braucht dich. Ohne dich wird er Ériu niemals beherrschen und du wünschst dir doch so sehr, dass eines Tages ein Halbblut auf dem Thron in Temair sitzt. Ein Halbblut, das endlich Frieden zwischen den Gaeil und den Tuatha de Danaan stiften wird. Doch wie soll das geschehen, wenn du hier und heute dein Leben für diesen Firbolg hergibst?", fragte Airmed.

„Dann nehmt mein Leben, wenn ich mein Schicksal erfüllt habe", bat Laoise.

„Dir ist die Sache wirklich sehr ernst. Du musst ihn wohl lieben? Ich werde sehen, was ich tun kann", sagte Airmed und verschwand wieder im Wasser. Für einen Moment herrschte wieder absolute Stille. Laoise wartete. Es verging eine Ewigkeit. Was sollte sie tun? Sie konnte nichts machen. Laoise spürte, wie das Leben langsam Oisíns Körper entwich. Sie wollte es festhalten und konnte nicht. Dann hörte Laoise Airmeds Stimme.

„Ich werde deinen Vorschlag annehmen, aber vergiss niemals, was du uns versprochen hast."

In diesem Moment schlug Oisín die Augen wieder auf und seine Wunde verschwand langsam.

„Danke", sagte Laoise. Tränen der Erleichterung liefen ihr über die Wangen.

„Laoise", sagte Oisín und berührte ihr Gesicht. Für einen Moment schauten sich die beiden einfach nur an.

„Was ist passiert?", fragte Oisín schließlich.

„Es ist alles in Ordnung", entgegnete Laoise überglücklich.

„Ich dachte, das wäre das Ende", sagte Oisín.

„Es ist nicht das Ende. Kannst du dich bewegen?", fragte Laoise.

„Ich denke, ja", antwortete Oisín. Er stand auf.

„Es ist, als wäre das gar nicht passiert. Ich fühle mich ein wenig schwach. Das ist alles. Es ist, als wäre alles nur ein Traum gewesen", sagte Oisín, der sich mit diesen Worten wieder an das erinnerte, was er über Laoise geträumt hatte.

„Gut, wir müssen die anderen bei Tráigh Lí treffen", erklärte Laoise nüchtern.

„Du hast mir nicht gesagt, was passiert ist", erinnerte Oisín.

„Die Hüterin der Quelle hat dein Leben verschont", sagte Laoise schnell.

„Aber sie ist eine der Tuatha de Danaan, warum sollte sie einen Firbolg verschonen? Die Tuatha de Danaan hassen die Firbolg. Sie haben die Firbolg aus ganz Ériu vertrieben und sie auf den Meeresboden verbannt", meinte Oisín misstrauisch und Laoise musste erkennen, dass Ríoghnach ihm die Geschichte wohl erzählt hatte.

„Nicht alle der Tuatha de Danaan hassen die Firbolg."

„Ich weiß nicht", sagte Oisín. Er spürte, dass etwas nicht stimmte. Er wunderte sich über den seltsamen Traum. Sein ganzes Leben lang hatten ihn Alpträume geplagt. Oft hatten sie eine Bedeutung gehabt. Doch meistens hatte er die Bedeutung erst erkannt, wenn es bereits zu spät gewesen war.

„Wir werden die Nacht besser hier verbringen und morgen früh nach Tráigh Lí aufbrechen. Ich gehe Feuerholz sammeln", schlug Laoise vor.

„Ich helfe dir", meinte Oisín und wollte aufstehen.

„Nein, bleib du hier und ruh dich aus. Warte, ich gebe dir die Decken."

„Danke, es ist schön, dass du da bist."

„Ich muss dir danken, denn ohne dich wäre ich gar nicht mehr da. Bis bald."

Laoise ging in den Wald, der die Quellen von Sláine umgab. Sie fühlte sich nicht gut. Ihr war schwindlig. Sie lehnte sich gegen einen Baum und ließ sich langsam auf den Boden sinken. Alles begann sich um sie zu drehen. Sie atmete schwer. Das war alles zu viel gewesen. Selbst für Laoise. Der Angriff der schwarzen Reiter, die Auseinandersetzung mit ihrem Vater, Oisíns Blut an ihren Händen und schließlich ihre Begegnung mit Airmed. Was Laoise an den Quellen von Sláine versprochen hatte, hatte sie vollkommen unwillkürlich getan, ohne nachzudenken. Es war einfach passiert. Laoise bereute es nicht, war gleichzeitig aber erschrocken darüber, dass sie Airmed einfach ihr Leben für das von Oisín versprochen hatte. So viel Leichtsinn oder auch so viel Mut, je nach dem wie man es benennen mochte, hatte sich Laoise nicht zugetraut. Allmählich fühlte sie sich besser. Das Atmen fiel ihr wieder leichter und ihre Umgebung kam langsam wieder zum Stehen. Laoise richtete sich wieder auf. Schnell suchte sie das Feuerholz zusammen und ging zurück.

Als Laoise zurückkam, war Oisín bereits eingeschlafen. Laoise zündete das Feuer an und legte sich neben ihn. Sie konnte nicht einschlafen. Laoise musste an das denken, was am Loch nDarbrech passiert war. Sie hatte Angst, dass das nicht ohne Konsequenz geblieben war. Ihr Vater würde sie ohne zu zögern dafür töten. Laoise blickte Oisín an, der ganz friedlich dalag. Sie hatte entsetzliche Angst, dass sie ein zweites Leben mit in den Tod nehmen würde. Aber das war nicht das einzige, was an ihr nagte. Sie fühlte sich hin- und hergerissen zwischen der Verpflichtung ihrem Vater gegenüber und ihrer Verpflichtung gegenüber Finn. Sie hatte geglaubt, dass sie beide erfüllen konnte, doch seit sie ihren Vater um Hilfe für Oisín gebeten hatte, wusste sie, dass das eine Illusion gewesen war. Sie musste sich entscheiden. Nur für was?

Oisín wusste von all dem nichts. Das erste Mal in seinem Leben empfand er so etwas wie Glück. Im Schlaf legte er den Arm um Laoise. Diesmal träumte Oisín von angenehmen Dingen. Er hatte beschlossen seine böse Vorahnung einfach zu ignorieren.

Am nächsten Morgen brachen die beiden wieder auf, um die anderen bei Tráigh Lí zu treffen. Oisín ging es deutlich besser, trotzdem hielt Laoise die Zügel in der Hand.

„Das ist der Weg nach Cruachan Aí", bemerkte Oisín nach einer Weile.

„Ja, ich habe hier noch etwas zu erledigen, bevor ich es vielleicht nicht mehr kann", sagte Laoise.

„Wie meinst du das?", fragte Oisín

„Wie ich das meine? Oisín, du wärst beinahe gestorben!", fuhr Laoise ihn an.

Für den Rest des Weges sagten die beiden kein Wort mehr. Oisín dachte über die Vergänglichkeit nach, über seine und Vergänglichkeit im Allgemeinen. Der Gedanke gefiel ihm nicht und deshalb ließ er ihn fallen. Schließlich erreichten sie die Burg von Cruachan Aí.

„Warte hier", sagte Laoise.

„Nein", sagte Oisín entschieden und folgte ihr.

Also gingen sie gemeinsam hoch zur Burg.

Laoise klopfte an die Tür der Burg und Éremón öffnete ihnen nach einer Weile.

„Du bist sein Sohn. Du bist Finns Sohn", sagte Laoise ohne Begrüßung, ohne jede weitere Erklärung. Éremón sagte gar nichts. Er stand nur in der Tür. Und er schien nicht überrascht zu sein. Oisín dafür umso mehr.

„Was?", fragte er entsetzt.

„Sag irgend etwas dazu", forderte Laoise Éremón auf und ignorierte Oisín.

„Ich habe es irgendwie geahnt. Aber wie auch immer, es ändert nichts für mein Leben", entgegnete Éremón.

„Komm mit uns. Wir können deine Hilfe gebrauchen", redete Laoise auf Éremón ein.

„Ich bin nicht bereit, mein Leben für diesen aussichtslosen Kampf herzugeben. Das Ériu, für das ihr kämpft, existiert nicht mehr. Selbst wenn ihr erfolgreich sein werdet, wird das nichts daran ändern, dass Ériu, so wie ihr es kennt, dem Untergang geweiht ist. Temair wird fallen und die Hallen von Cormac Mac Art werden verschimmeln und verfaulen. Wach auf, Laoise, Cormac Mac Art ist schon lange Zeit nicht mehr der König von Temair und sein Sohn, Cairbre, hat die Fianna zerstört."

„Eigentlich wurde Cairbre von der Fianna zerstört", wandte Laoise ein.

„Umso besser, die Ungläubigen töten sich gegenseitig."

„Donn hat einen großen Fehler begangen, dich nach Alban zu schicken. In diesem Land wurden dir seltsamen Lehren von fremden Göttern beigebracht", stellte Laoise fest.

„Nur die Lehren des einen Gottes, des einzig wahren Gottes und du wirst eines Tages auf die Knie fallen und ihn anbeten oder sterben", sagte Éremón verbissen.

„Ich werde vor niemandem auf die Knie fallen."

„Dann wirst du verdammt werden."

„Die schwarzen Reiter werden zwischen Christen und Heiden keinen Unterschied machen", sagte Laoise, die noch nicht aufgeben wollte.

„Lass uns gehen. Das ist sinnlos", sagte Oisín. Er nahm Laoises Hand.

„Oisín, Sohn von Ronan, du hast dein Herz noch niemandem geöffnet und jetzt wählst du die Frau einer geschlagen Rasse? Irgendwie passt das zu dir. Aber macht Finn das nicht eifersüchtig?", provozierte Éremón.

„Warum sollte es?", fragte Oisín gereizt zurück.

„Und Laoise hast du keine Angst vor dem Fluch?", fragte Éremón heimtückisch.

„Nein, habe ich nicht", antwortete Laoise.

„Éremón, wir waren einst Freunde", sagte Oisín.

„In einem anderen Leben."

Laoise und Oisín drehten sich wortlos um und gingen. Es hatte einfach keinen Sinn.

„Finn weiß es nicht, oder?"

„Nein, und du wirst es ihm nicht sagen!"

„Was ist los?", fragte Oisín.

„Er hat Recht. In Cruachan Aí, da haben wir es alle gespürt. Wir können die Zeit nicht besiegen."

„Aber wir können die schwarzen Reiter besiegen", entgegnete Oisín zuversichtlich.

Sie machten sich wieder auf den Weg nach Tráigh Lí.

„Was ist das für ein Fluch?", fragte Oisín nach einer Weile.

„Ich weiß nicht."

„Doch, das weißt du. Ich fühle es."

„Man sagt, dass die Tuatha de Danaan nach der Schlacht von An Trá Bhán ihre eigenen Frauen mit einem Fluch belegt haben. Wenn sie sich mit einem Sterblichen einließen, würden sie bei der Geburt des erstgeboren Sohnes sterben."

„Aber warum taten die Tuatha de Danaan das?", fragte Oisín.

„Woher soll ich das wissen? Ich bin ja keine von ihnen. Ich glaube, dass das ohnehin nur eine dumme alte Geschichte ist."

„Und du bist kein bisschen froh, dass ich kein Gaeil bin?", fragte Oisín, der die Wahrheit hören wollte.

„Oisín, mir ist völlig egal, was du bist!", reagierte Laoise heftig.

„Wart ihr gute Freunde?", fragte Laoise um das Thema zu wechseln.

„Wir waren noch Kinder. Es war bevor Donn ihn nach Alban geschickt hat", antwortete Oisín.

Finn, Cáilte, Diarmuid und Ríoghnach hatten das Lager bei Tráigh Lí aufgeschlagen. Tráigh Lí war eine größere Siedlung, aber die Straßen waren menschenleer. Wer auch immer hier einst gelebt hatte, war verschwunden. Die Reisenden hatten ihre Zelte an der Küste aufgeschlagen, dort wo der Lí ins Meer mündete.

„Glaubst du, dass sie es geschafft haben?", fragte Cáilte besorgt, während er ein paar Sachen für die Jagd zusammenpackte.

„Ich hoffe es", entgegnete Finn und ging Cáilte zur Hand.

„Laoise hat das Licht; ohne sie können wir nicht weiter", sagte Diarmuid, der gedanklich schon bei einem Plan B war.

„Müssen wir davon sprechen?", fragte schließlich Ríoghnach.

„Warum meinst du, hat Oisín so ein Geheimnis aus seiner Identität gemacht? Ich meine, dass er nicht ganz normal ist, haben wir auch vorher gewusst", sagte Cáilte.

„Ich weiß nicht", antwortete Finn.

Er schaute Ríoghnach auffordernd an.

„Das ist wirklich nichts, auf das mein Volk stolz sein kann. Er ist ein Kind der Verdammten. Mein Volk glaubt, dass die Schuld der Eltern an die Kinder weitergegeben wird. Deshalb werden die Kinder von Missetätern an die Oberfläche geschickt, damit sie kein Unheil anrichten können. Die meisten Kinder überleben das nicht. Die, die es überleben, dürfen niemals ins Königreich Tír fa Tonn zurückkehren. Tun sie es doch, dann erleiden sie den Tod", erklärte Ríoghnach beschämt.

„Das ist also der Grund, weshalb er nicht mit Laoise gehen wollte! Er konnte es gar nicht", erkannte Cáilte. Es tat ihm leid, wie er Oisín behandelt hatte.

„Er hätte uns das sagen sollen, dann wären wir nicht so hart zu ihm gewesen", sagte Diarmuid, der sich ebenfalls wünschte, er hätte sich anders verhalten.

„Bis jetzt dachte ich, dass die Firbolg ein weises Volk wären. Aber das ist barbarisch", sagte Cáilte. Als er sah, dass Ríoghnach Tränen in den Augen standen, sagte er schnell:

„Ríoghnach, du kannst natürlich nichts dafür."

„Ich bin die Tochter des Königs. Wie kann ich da nichts dafür können?", entgegnete Ríoghnach aufgelöst.

„Es ist in Ordnung", sagte Finn. Er nahm sie in die Arme.

„Diarmuid, kannst auf Ríoghnach aufpassen, während ich mit Cáilte jagen gehe?", fragte Finn.

„In Ordnung. Aber beim nächsten Mal kann Cáilte hier warten", antwortete Diarmuid.

Finn und Cáilte wollten gehen.

„Warte, ich glaube, ich höre etwas. Ein Pferd. Ob sie das sind?", sagte Cáilte hoffnungsvoll.

Finn schloss seine Augen. Es waren nur wenige Augenblicke. Er öffnete die Augen erst wieder als er die Stimmen der beiden erkannte.

„Danke", sagte Finn leise.

Er küsste Laoise auf beide Wangen und umarmte Oisín.

„Ich bin so froh, euch wiederzusehen", sagte Finn erleichtert.

„Hast du etwas anderes erwartet?", fragte Oisín.

Die beiden hatten Tränen in den Augen stehen.

„Du bist also ein Firbolg. Warum hast du mir das nicht gesagt? Ich hätte es verstanden", sagte Finn.

„Es war mir peinlich. Außerdem habe ich es lange Zeit selber nicht gewusst. Laoise hat es mir gesagt. Sie sagt, dass sie es gemerkt hat, als wir uns das erste Mal gesehen haben. Ich wollte es dir sagen, aber ich wusste nicht wie", bat Oisín um Verständnis.

„Das ist jetzt nicht mehr wichtig. Wichtig ist nur, dass du lebst. Bestimmt haben du und Ríoghnach eine Menge, über das ihr reden könnt. Ríoghnach?"

Sie wollte etwas sagen, aber Oisín fiel ihr ins Wort.

„Versteh' mich nicht falsch, aber ich weiß, wer ich bin. Ich bin Oisín Mac Ronan. Ich bin ein Untertan des Königreiches von Connacht. Es gibt nichts neues, dass du mir sagen könntest und ich möchte auch niemand anderes sein als der, der ich bin", sagte Oisín.

Ríoghnach schaute ihn mit ihren großen blauen Augen traurig an. Er küsste sie auf die Stirn und Laoise wunderte sich darüber, wie sehr ihr das missfiel.

„Ich kann den, den du verloren hast, nicht ersetzen. Kannst du das verstehen?", fragte Oisín.

„Ich denke ja", sagte Ríoghnach traurig.

„Laoise, kann ich dich sprechen?", fragte Oisín.

„Natürlich", antwortete Laoise.

„Allein", sagte Oisín.

„Gut, wir wollten sowieso gerade jagen gehen", meinte Finn.

„Da Oisín jetzt wieder zurück ist, muss ich nicht auch hier bleiben, oder?", fragte Diarmuid.

„Nein, natürlich nicht. Ich denke, Laoise und Oisín kommen alleine klar. Bis bald", sagte Finn und verließ mit Cáilte und Diarmuid das Lager. Oisín und Laoise ließen Ríoghnach allein am Feuer sitzen und gingen hinunter zum Strand.

„Wenn das alles hier vorbei ist, möchte ich, dass du mit mir kommst", sagte Oisín.

„Ich würde sehr gerne mit dir kommen, aber ich kann nicht", sagt Laoise ehrlich.

„Aber warum?", fragte Oisín.

„Es geht einfach nicht", entgegnete Laoise.

„Nach allem, was wir durchgemacht haben?", fragte Oisín.

„Es tut mir Leid."

„Ist es wegen Finn?", fragte Oisín.

„Nein, es ist nicht wegen Finn."

Oisín schüttelte den Kopf und wollte gehen.

„Oisín, bitte geh nicht."

Er blieb stehen.

„Denkst du, dass wir vielleicht trotzdem aufhören könnten uns zu streiten. Ich kann das nämlich nicht mehr. Es bricht mir das Herz."

Sie reichte ihm die Hand.

„Freunde?", fragte Laoise.

Er nahm ihre Hand. Sie lächelte.

„Freunde. Darf ich dich dann unter Freunden mal etwas fragen?"

„Ja, natürlich."

„Bist du wirklich keine der Tuatha de Danaan?", fragte Oisín vorsichtig.

„Du bist doch verrückt", lachte Laoise und ließ die Frage unbeantwortet.

Oisín fand das nicht lustig. Er blickte Laoise enttäuscht an. Er hatte sich ein wenig mehr Vertrauen von ihr gewünscht.

„Da ist noch etwas. Sag Finn nicht, dass Éremón sein Sohn ist. Éremón kann uns nicht helfen. Er kann uns nur schaden", wechselte Laoise das Thema.

„Aber Finn hat doch ein Recht, die Wahrheit zu kennen."

„Ja, das dachte ich am Anfang auch. Aber du hast doch selbst Éremóns Reaktion gesehen. Diese Wahrheit wird Finn nicht nützen."

„Wenn du Finn die Wahrheit über Éremóns Identität verschweigen willst, warum wolltest du dann unbedingt, dass ich Finn sage, dass ich ein Firbolg bin. Du hast tagelang nicht mit mir geredet!", wandte Oisín ein.

„Das ist etwas vollkommen anderes."

„Warum denn?"

„Weil es durchaus von Vorteil ist, wenn Finn weiß, dass wir einen Firbolg unter uns haben, der sich dematerialisieren kann und wer weiß was noch für Fähigkeiten besitzt. Oisín, du bist, so wie du bist, unheimlich wertvoll für uns. Willst du das immer noch nicht einsehen?"

Oisín schwieg.

„Oisín, du hast mir mit deinen Fähigkeiten das Leben gerettet. Erkenne doch endlich an, wer du bist."

„Wenn ein Firbolg so wertvoll ist, wie wertvoll ist dann wohl erst eine der Tuatha de Danaan?", fragte Oisín.

„Fang bitte nicht schon wieder damit an", reagierte Laoise genervt.

„Mir ist nicht entgangen, dass du meine Frage eben nicht beantwortet hast. Warum kannst du mir nicht in die Augen sehen und mir meine Frage einfach beantworten. Laoise, bist du eine der Tuatha de Danaan?", fragte Oisín erneut.

„Warum ist dir das so wichtig? Was ist denn, wenn es so wäre?", fragte Laoise im Gegenzug.

„Es wäre eine gute Erklärung dafür, warum ich dir nicht gut genug bin", sagte Oisín und ging.

„Aber so ist es nicht", rief Laoise ihm hinterher.

Am liebsten hätte sie Oisín die Wahrheit gesagt. Aber sie konnte nicht. Oisín ging zurück zum Lager, ging an Ríoghnach vorbei als wäre sie Luft und verschwand im Zelt. Laoise überlegte kurz, ob sie Oisín nachgehen sollte, entschied sich aber schließlich dagegen. Jede weitere Diskussion war wahrscheinlich sinnlos. Laoise setzte sich zu Ríoghnach, die sie mit großen Augen fassungslos ansah.

„Warum starrst du mich so an?", fragte Laoise mürrisch.

„Ich wollte das nicht. Ich habe dich nur aus Bewunderung angesehen", sagte Ríoghnach.

„Bewunderung?", fragte Laoise.

„Bewunderung deiner Selbstlosigkeit. Du bist nicht wie die Weiße Jungfrau. Du willst nicht, dass der Mann, der dich liebt, dir in dein Grab folgt."

„Ich habe keine Ahnung wovon du redest."

„Ich denke, du weißt es. Die Hüterin der Quellen von Sláine hat dir Oisíns Leben nicht umsonst gegeben. Sie hat dein Leben im Tausch gegen seines verlangt, nicht wahr? Ich weiß, dass die Tuatha de Danaan hinterlistig sind. Sie würden dir nie etwas geben, ohne eine Gegenleistung dafür zu verlangen."

„Er liebt mich nicht."

„Glaubst du das wirklich? Was habt ihr dann eben besprochen? Hat er dich gefragt, ob du mit ihm kommen wirst? Laoise, ich möchte dir nichts Böses tun. Dein Geheimnis ist sicher bei mir, wenn es das ist, was du willst. Ich denke nur, dass du das nicht verdienst. Du verdienst es glücklich zu sein und ein langes Leben zu haben. Ich wünschte, da wäre irgendetwas, das ich tun könnte", sagte Ríoghnach, die das wirklich ernst meinte.

„Es gibt da etwas, dass du tun könntest."

„Ja?", fragte Ríoghnach erwartungsvoll.

„Du bist die Tochter des Königs von Tír fa Tonn und Oisín ist von deiner Art. Dein Vater ist im Grunde kein schlechter Mensch. Kannst du nicht versuchen, Oisín und dein Volk auszusöhnen? Ich weiß, dass das nicht einfach sein wird, aber es würde Oisín eine Menge bedeuten, auch wenn er es nicht zugibt."

„Ich werde mein Möglichstes versuchen. Gibt es sonst noch etwas?", fragte Ríoghnach.

„Nein", antwortet Laoise.

„Was du getan hast, war unheimlich mutig. Ich weiß nicht, ob ich so etwas tun könnte", sagte Ríoghnach.

„Es war nicht mutig. Es ist einfach so passiert. Ich konnte nichts dagegen tun. Ich glaube außerdem, dass es auch noch ziemlich unverantwortlich war."

„Du denkst, dass du vielleicht schwanger sein könnest?"

Laoise wollte protestieren.

„Es ist in Ordnung. Ich weiß, was am Loch nDarbrech passiert ist. Aber es ist ohne Konsequenzen geblieben. Firbolg und die Gaeil können gar keine Nachkommen haben. Finn und ich versuchen es schon eine ganze Weile. Es gibt also keinen Grund sich darum auch noch Sorgen zu machen."

Laoise lief eine einzelne Träne über die rechte Wange.

„Bereust du es?", fragte Ríoghnach.

„Nein, das tue ich nicht", antwortete Laoise.

„Dann war es wohl richtig."

„Was war richtig?", fragte Finn, der mit Cáilte und Diarmuid gerade von der Jagd wiederkam. Sie hatten ein Reh erlegt.

„Das Laoise mit uns gekommen ist, war richtig", antwortete Ríoghnach.

„Das sehe ich auch so", meinte Finn und küsste Ríoghnach auf die Wange.

„Wo ist Oisín?", fragte Cáilte.

„Er schläft", antwortete Laoise.

„Den Schlaf hat er sich wohl verdient", sagte Finn grinsend und blickte Laoise an. Diese stand wortlos auf und ging.

„Hab' ich was Falsches gesagt?", fragte Finn in die Runde.

„Es ist kompliziert", antwortete Ríoghnach.

„Oh, es ist kompliziert. Das ist ja was ganz Neues", meinte Finn.

11. Die Schlacht von An Trá Bhán

Am nächsten Morgen erwachte Oisín als erster. Er setzte sich zu Cáilte, der die letzte Nachtwache gehalten hatte, ans Feuer. Noch immer fühlte sich Oisín müde, aber er wollte seinem Bruder die Möglichkeit geben sich zu entschuldigen, ohne dass die anderen es mitbekamen.

„Ich war nicht immer fair zu dir, aber ich war wirklich froh, dich wieder zu sehen. Das musst du mir glauben", fing Cáilte an.

„Ich glaube dir. Warum sollte ich es nicht tun. Du bist mein Bruder. Wir sind zusammen aufgewachsen. Du bist meine Familie. Ins Königreich Tír Fa Tonn werde ich nie gehören."

„Man weiß nie, was die Zukunft bringt. Zumindest wissen die meisten von uns das nicht. Oisín, ich weiß, dass mich das nichts angeht ...", fing Cáilte an und wurde von Oisín sofort unterbrochen:

„Ja, genau Cáilte. Es geht dich nichts an!", entgegnete Oisín für diese frühe Stunde viel zu laut.

„Aber das ist genau das, was ich sagen wollte. Ich weiß, dass mich das nichts angeht und akzeptiere das. Du wirst schon wissen, was du tust."

„Entschuldige bitte. Es tut mir Leid. Diese Fähigkeiten, die ich habe. Ich bin verwirrt und immer noch unheimlich müde, obwohl ich so lange geschlafen habe. Ich wollte dich nicht so anfahren. Du bist mein Bruder und du darfst natürlich eine Meinung haben, zu was du auch immer eine Meinung haben willst."

„Schon in Ordnung. Du musst dich nicht entschuldigen. Du hast eine Menge durchgemacht."

„Und?"

„Und was?"

„Was ist deine Meinung?"

Cáilte wusste zuerst nicht, was er sagen sollte, doch dann beschloss er, ehrlich zu sein:

„Ich finde, dass sie nicht die Richtige für dich ist. Sie wird dich unglücklich machen, wenn sie das nicht schon geschafft hat. Tut mir Leid. Das ist nun mal meine Meinung. Es war Beltaine. Du bist nicht an sie gebunden."

„Beltaine? Ach so ja, in Emhain Mhacha. Nein, da ist nichts vorgefallen", sagte Oisín langsam, dem diese Nacht nun wieder einfiel. Die Erinnerung fühlte sich komisch an, einerseits so, als ob diese Nacht schon lange Vergangenheit war und dann wieder so, als wäre es gestern gewesen.

„Um so besser", sagte Cáilte und klopfte Oisín wohlbedacht auf die linke Schulter.

Cáilte und Oisín saßen eine Weile schweigend am Feuer, bis Diarmuid schließlich zu ihnen kam.

„Oisín, du bist auch schon wach? Ich hoffe, es geht dir besser", sagte er.

„Tut es. Danke", sagte Oisín freundlich.

„Ich weiß, dass ...", fing Diarmuid an.

„Es ist in Ordnung, Diarmuid. Kein Problem", fiel ihm Oisín ins Wort und Diarmuid war froh, dass er um eine eindeutige Entschuldigung herum kam.

„Ich werde die anderen wecken", meinte Oisín und ließ Cáilte und Diarmuid alleine beim Feuer sitzen.

„Denkst du, dass das hier alles so eine gute Idee war?", fragte Diarmuid.

„Wie meinst du das?", erwiderte Cáilte.

„Wie ich das meine? Oisín, dein Bruder, er wäre beinahe gestorben!", sagte Diarmuid aufgebracht.

„Wie du dir vielleicht denken kannst, ist mir das nicht entgangen!", meinte Cáilte verärgert.

„Das ganze hier ist eine Nummer zu groß für uns. Ohne Finn und Laoise hätten wir die schwarzen Reiter niemals besiegt. Wir können mit denen nicht mithalten. Das ist höchstens noch was für deinen wunderlichen Bruder, aber nicht für uns. Ich meine, was machen wir hier eigentlich? Wenn etwas schief geht, sind wir die ersten, die ins Gras beißen. Wir hätten am Loch nDarbrech nach Cruachan Aí zurückkehren sollen. Wir werden hier sterben und es wird niemanden interessieren. Wir sind nicht die Sorte Männer, an die sich die Geschichte erinnern wird", meinte Diarmuid verbittert.

„Und wenn schon. Dann wird sich eben niemand an uns erinnern. Es ist auch unser Land. Es sind unsere Felder und unsere Häuser, die brennen. Wir haben keine Wahl und außerdem werde ich nicht nach Cruachan Aí zurückkriechen, um dann als Feigling dazustehen", sagte Cáilte entschlossen.

Diarmuid konnte nichts mehr dazu sagen, denn die anderen kamen nun ebenfalls zum Feuer. Laoise, die in ihren Händen das Licht hielt, kam als Letzte.

„Das Licht weist in nordwestliche Richtung", stellte Finn fest.

„Gut, dann gehen wir nach Nordwesten", sagte Oisín.

„Ich halte das nicht für die beste Möglichkeit. Der direkte Weg ist auch der gefährlichste. Ich bin mit der Gegend hier vertraut. Es macht mehr Sinn, ein Stück die Nordküste dieser Halbinsel in westlicher Richtung entlangzugehen und dann die Berge zu überqueren. So können wir unsere Gegner überraschen", erklärte Finn.

„Für mich klingt das einleuchtend", sagte Cáilte.

„Aber verlieren wir dadurch nicht zuviel Zeit?", wandte Oisín ein.

„Ja, durch die Berge hindurch zu gehen klingt recht beschwerlich", pflichtete Diarmuid ihm bei.

„Aber Finn kennt die Gegend. Das wird uns helfen. Außerdem gibt es auch eine alte Passstraße durch die Berge", meinte Laoise.

„Ja, das ist richtig", bestätigte Finn verwundert. Auch die anderen waren überrascht.

„Was ist? Hat Finn ein Privileg darauf, sich in dieser Gegend auszukennen?", fragte Laoise verärgert.

„Gut, also nehmen wir doch die Passstraße", sagte Oisín.

„Der Weg wird uns zunächst durch drei Flusstäler führen. Die Flusstäler sind dicht bewaldet. Der Weg wird mühsam sein. Das Pferd können wir nicht mitnehmen. Wir müssen es hier lassen. Nach den drei Flusstälern wird der Weg ein wenig einfacher. Bevor wir einen vierten Fluss überqueren, werden wir rasten und dann sehen wir weiter", erklärte Finn.

„Es gibt auch noch die Möglichkeit am Strand entlang zu gehen. Das ist zwar weniger anstrengend, aber natürlich können wir dort auch viel leichter entdeckt werden, als wenn wir versuchen uns einen Weg durch die drei Flusstäler zu bahnen", ergänzte Laoise.

„Ich halte den Strand für zu gefährlich", sagte Finn.

„Wenn unsere beiden Ortskundigen sich einig sind, ziehen wir los", meinte Oisín mit aufgesetzt guter Laune, denn in Wahrheit war er darüber verärgert, dass er nicht mitreden konnte.

Finn hatte mit der Beschwerlichkeit des Weges nicht übertrieben. Der Pfad, den die Reisenden eingeschlagen hatten, war als solcher kaum zu erkennen. Hohe Bäume taten sich vor ihnen auf und der Boden war mit einem dichtwachsenden Farn bedeckt, der fast mannshoch war. Dort wo keine Bäume wuchsen und nicht alles zugewuchert war, war es sumpfig. Die Zeit verflog, doch die Reisenden kamen kaum voran. Sie hatten gerade erst den zweiten Fluss überquert.

„Vielleicht hätten wir doch den anderen Weg nehmen sollen", sagte Oisín, der sich zwar gut erholt hatte, aber immer noch Mühe hatte, mit den anderen mitzuhalten.

„Nein, das hätten wir nicht. Wenn wir am Strand entlang gegangen wären, hätten wir auch gleich den direkten Weg nach Nordwesten gehen können. Da unten am Strand würde man uns sofort entdecken. Außerdem ist es nun ohnehin zu spät, sich umzuentscheiden", wandte Laoise ein.

„Laoise hat Recht. Aber vielleicht machen wir erst einmal eine Pause", meinte Finn.

„Also wegen mir nicht", sagte Oisín schnell.

„Schon gut, Oisín. Wir können alle eine Pause vertragen", sagte Finn.

„Ja, allerdings", bestätigte Laoise und ließ sich auf dem nächstbesten Stein nieder.

Die Reisenden waren mit ihren Kräften am Ende. Vor allem Ríoghnach und Oisín stand die Erschöpfung ins Gesicht geschrieben. Laoise verteilte den letzten Proviant, den sie mit sich führten, und wollte mit den leeren Wassersäcken zum Fluss gehen.

„Laoise, warte, ich mach das", sagte Finn und nahm ihr die Wassersäcke ab.

Als Finn mit dem Wasser zurückkam, lag Oisín auf dem Boden und war eingeschlafen.

„Ist alles in Ordnung?", fragte Finn besorgt.

„Ja, ist es. Er schläft nur", antwortete Laoise.

„Ich habe schon Menschen so schlafen gesehen, die nicht mehr aufgewacht sind", meinte Finn.

„Glaub mir, er schläft wirklich nur und er wird ganz sicher wieder aufwachen. Warum legst du dich nicht auch etwas hin? Nur für eine Weile. Ríoghnach fallen auch gleich die Augen zu. Ich bin nicht müde. Ich werde euch in einer Stunde wieder wecken", schlug Laoise vor.

„Und wenn Gefahr droht, dann ...", sagte Finn.

„Dann wecke ich dich sofort wieder auf", vervollständigte Laoise den Satz.

Binnen weniger Minuten war alles um Laoise fest eingeschlafen. Laoise hätte jetzt nicht schlafen können, selbst wenn sie es gewollte hätte. Sie betrachtete den vor ihr liegenden Oisín, der eben vor Erschöpfung einfach im Gras eingeschlafen war.

„Weißt du, wie sehr ich mir wünsche, ich könnte dir die ganze Wahrheit sagen: Über mich, über uns und über unser Kind. Es tut mir Leid. Es hätte alles anders kommen sollen. Aber jetzt gibt es kein Zurück mehr. Ich muss tun, was ich tun muss", flüsterte Laoise leise und strich Oisín über seine langen blonden Haare. Laoise schaute Oisín für eine kleine Ewigkeit einfach nur an, so als wollte sie sich sein Gesicht genau merken, bevor sie weit, weit fort ging.

„Laoise, wolltest du uns nicht wecken?"

Laoise erschrak und bemerkte, dass es Finn war, der ihren Namen sagte.

„Ja, dass wollte ich gerade tun", sagte sie schließlich.

„Oisín, wach auf, wir müssen weiter", sagte Finn und schüttelte seinen Freund.

„Was? Was ist passiert?", fragte Oisín geistesabwesend.

„Du bist eingeschlafen. Ihr habt alle ein wenig geschlafen", erklärte Laoise.

Oisín betrachtete den Stand der Sonne und wusste, dass er lange geschlafen haben musste.

„Es ist schon spät. Werden wir unser heutiges Ziel überhaupt noch erreichen?", fragte Oisín bestürzt.

„Keine Sorge, da hinter der Biegung befindet sich das nächste Flusstal und von da aus ist es nicht mehr weit bis wir den Fíonnghlas erreichen. Und weiter als bis dorthin, müssen wir es heute ja nicht schaffen", sagte Laoise mit sanfter Stimme.

„Der Meinung bin auch. Am Fíonnghlas werden wir das Nachtlager aufschlagen und morgen früh werden wir über unser weiteres Vorgehen beratschlagen", bestätigte Finn, der eigentlich gehofft hatte, sie wären heute weiter gekommen. Aber auch er musste einsehen, dass Ríoghnach und der noch immer angeschlagene Oisín das auf keinen Fall durchgehalten hätten.

Der weitere Weg war weniger anstrengend, als dass Stück das sie heute schon zurückgelegt hatten. Vielleicht weil sie nun das Ziel schon praktisch vor Augen hatten. Ríoghnach hielt sich tapfer und Oisín wollte sich gar nichts anmerken lassen, was ihm nur schwerlich gelang. Bevor die Nacht hereinbrach, erreichten die Reisenden den Fíonnghlas, so dass sie die Zelte in Ruhe aufbauen und ein kleines Feuer entzünden konnten. Sie hielten die Flammen niedrig, damit sie aus der Ferne nicht entdeckt werden konnten. Oisín schlug vor jagen zu gehen, solange es noch hell war. Doch Finn meinte, dass sie heute nicht schon wieder ein Tier erlegen müssten, wo es eine Suppe doch auch täte. Finn machte sich Sorgen um Oisín, weil der nicht einsehen wollte, dass er es für eine Weile langsam angehen sollte. Um Oisín machte sich Finn mehr Sorgen als um Ríoghnach. Denn wenn Ríoghnach nicht mehr konnte, würde sie das die anderen schon wissen lassen, doch wenn Oisín am Ende seiner Kräfte angelangt war, würde dieser lieber sterben, als das zuzugeben.

Finn teilte Cáilte für die erste Nachtwache ein und gab sich selbst die zweite. Er überging Oisín, obwohl dieser protestierte und zu bedenken gab, dass er sich schon nachmittags genug ausgeruht hatte. In der Nacht löste Finn Cáilte ab.

„Aber es ist viel zu früh", meinte dieser.

„Es ist schon in Ordnung. Ich kann ohnehin nicht mehr schlafen. Leg dich ruhig hin", entgegnete Finn.

Cáilte ging und Finn setzte sich ans Feuer. In der Ferne hörte man das Meer rauschen. Die Wellen trafen in fast regelmäßigen Abständen auf die weißen Sandstrände von Chorca Dhuibhne. Manche behaupteten, dass man, wenn man genau hinhörte, die Stimmen der toten Soldaten in den Wellen hörte. Denn es war hier gewesen, wo die Schlacht von An Trá Bhán stattgefunden hatte. Tausende hatten innerhalb weniger Tage ihr Leben verloren. Das Blut der Toten hatte den weißen Sand rot gefärbt. Seit diesem Tag mieden die Bewohner Érius diesen Ort, vor allem die wenigen, welche die Schlacht überlebt hatten. Denn nirgendwo sonst in Ériu war die Geschichte so lebendig wie hier. Betrat man diesen Ort, so konnte man fast das Kampfgeschrei hören und das Blut in der Luft schmecken.

Die Bedeutung dieses Ortes war Laoise wohl bewusst, deshalb wollte sie – genau wie Finn – auf keinen Fall an diesem Strand entlang laufen. Laoise, die in dieser Nacht wieder kaum Schlaf fand, hatte die Unterhaltung zwischen Finn und Cáilte mitgehört. Sie stand auf und setzte sich zu Finn ans Feuer. Finn sah sie nur kurz an, sagte aber nichts.

„Es sind die Erinnerungen an die Schlacht, die dich wach halten. Es ist lange her, aber die Gegend hier hat sich kaum verändert", sagte Laoise schließlich.

„Woher weißt du das?", fragte Finn.

„Mich quälen dieselben Erinnerungen. Auch ich bin damals dort gewesen", gab Laoise endlich preis.

„Dann bist du doch eine der Tuatha de Danaan?", fragte Finn.

„Und ich schäme mich dafür, dass unsere Völker sich einst als Feinde gegenüberstanden", sagte Laoise.

„Aber am An Trá Bhán haben wir auf derselben Seite gekämpft."

„Ich habe nicht gekämpft. Ich habe mich um die Verwundeten gekümmert."

„Aílbhe?", fragte Finn überrascht.

„So hat man mich schon sehr lange nicht mehr genannt."

„Ich erinnere mich jetzt! Du warst es, die meine Wunden versorgt hat. Du bist wirklich eine der Unsterblichen", sagte Finn, der nun endlich Klarheit hatte. Er war überrascht, aber nicht über die Tatsache, dass Laoise eine der Tuatha de Danaan war, sondern darüber, dass sie jetzt damit rausrückte.

„Ich bin genauso sterblich wie du. Wenn mich ein Pfeil trifft, dann ist mein Blut so rot wie deines. Ich altere nur langsamer. Das ist alles."

„Ich habe dich die ganze Zeit nicht erkannt."

„Ich habe dich zuerst auch nicht erkannt. Erst als wir miteinander kämpften, wusste ich, dass du es bist", sagte Laoise.

Sie verharrten eine Weile in Stille. Das Feuer knisterte und zischte leise und brannte auf ihrer Haut. Beide ließen sich von der wohligen Wärme, die sie vor der kalten Nacht schützte, einhüllen.

„Meine Mutter ist eine von deiner Art gewesen", sagte Finn schließlich.

„Ja, ich weiß. Ihr Name war Muirre. Sie hat für deinen Vater auf ein Leben, das dir ewig vorkommen muss, verzichtet und ist zu den Gaeil gegangen, um mit ihnen zu leben. Von den Tuatha de Danaan wurde sie deshalb nicht gerade gemocht. Sie muss eine mutige Frau gewesen sein."

„Ja, das war sie", bestätigte Finn.

„Da deine Mutter eine von uns war, weißt du auch, wo der Stein von Temair ursprünglich herstammt", sagte Laoise.

„Ja, es ist der Stein des Schicksals, den die Tuatha de Danaan zur Erde gebracht haben. Mein Volk hat den Stein deinem Volk gestohlen."

„Dein Volk hat ganz Ériu von meinem Volk gestohlen!", belehrte Laoise, in deren Augen plötzlich der Zorn funkelte.

„Ja, und vorher hat dein Volk Ériu von den Firbolg geraubt", bemerkte Finn, ein wenig erschreckt über Laoises Reaktion .

„Der weise Morias wachte in Falias über den Stein des Schicksals, bevor die Tuatha de Danaan nach Ériu kamen. Er war einer unserer vier Heiligtümer, aus unseren vier großen Städten der Weisheit, in denen wir unser Wissen an die nächsten Generationen weitergaben. Drei dieser Heiligtümer – das Schwert von Gorias, der Speer von Finias und der magische Kessel von Murias – wurden während des Kriegs gegen die Fomoire zerstört. Den Stein des Schicksals haben uns die Gaeil geraubt. Aber jetzt ist nicht der Zeitpunkt, um an alte Feindschaften zu denken. Um unsere Aufgabe zu erfüllen, müssen wir zusammenarbeiten", sagte Laoise emotionslos.

Sie schaute zum Feuer und Finn hatte das erste Mal Zweifel, ob er Laoise trauen konnte. War sie vielleicht nur mit ihnen gekommen, um den Stein des Schicksals zurück zu den Tuatha de Danaan zu bringen? Aber warum hätte sie ihm dann ihre wahre Identität verraten sollen?

„Eigentlich ist es kein Wunder, dass Oisín so abwertend auf mich reagiert hat. Mein Volk hat seines aus Ériu vertrieben, so dass den Firbolg heute nur noch das Königreich Tír fa Tonn geblieben ist. Und trotzdem hat Oisín mir das Leben gerettet. Ich fühle mich schuldig. Ich bin sehr hart zu ihm gewesen, weil er dir nicht die Wahrheit über seine Herkunft gesagt hat. Und im Grunde habe ich das gleiche getan. Trotzdem möchte ich, dass du es den anderen nicht sagst. Sie würden sich nur vor mir fürchten − mich vielleicht sogar verabscheuen. Ich weiß, wie sie mich angesehen haben, als ich sagte, dass ich die Tochter des Druiden von Garrán Dubh bin. In ihren Augen war Entsetzen. Ich erzähle dir meine Geschichte auch nur aus einem Grund. Ich habe bereits 127 Zyklen gelebt und habe keinen einzigen Tag davon bereut. Sollte ich sterben, dann war mein Leben erfüllt", sagte Laoise ebenso emotionslos wie zuvor.

„Niemand wird sterben", sagte Finn. Er sah Laoise an und wusste nicht mehr, was er von ihr zu halten hatte.

„Das kannst du nicht wissen", entgegnete Laoise und sah Finn jetzt ebenfalls an.

„Weißt du, dass du mich seit Beltaine nicht mehr angesehen hast?"

„Das ist das, was du wolltest, oder nicht?"

„Ich wollte mich für mein Verhalten dort entschuldigen. Ich hatte wirklich geglaubt, du wolltest mir etwas antun."

„Vielleicht wollte ich das auch. Du schienst mir so vertraut zu sein. Ich war betrunken. Ich bin derjenige, der sich entschuldigen sollte."

„Das hast du doch schon getan. Sehr oft sogar. Immer dann, wenn die anderen es nicht mitbekommen haben."

„Wie meinst du das nun?", fragte Finn verärgert.

„Es ist nichts gegen dich, aber die anderen − das heißt Diarmuid und Cáilte − glauben sowieso du könntest mich einfach nehmen, wenn du mich begehrst, denn du bist immerhin der rechtmäßige Thronfolger von Connacht. Und dir sollte doch jede Frau zu Füßen liegen", meinte Laoise.

„Vielleicht ist das die Meinung von Diarmuid und Cáilte. Aber es ist nicht meine und du solltest das wissen", sagte Finn.

„Ich bin mir dessen bewusst, dass du mehr Anstand hast als die beiden. Ansonsten wäre ich nicht hier."

„Gut."

Finn wusste nicht, ob nun alle Probleme beseitigt oder ob nur neue Probleme hinzugekommen waren. Aber wie auch immer, Finn konnte Laoises hasserfüllte Augen nicht vergessen. Er war sich darüber im Klaren, dass die Gaeil und die Tuatha de Danaan bei der Schlacht von An Trá Bhán ein reines Zweckbündnis geschlossen hatten. Der Hass der Tuatha de Danaan auf die Gaeil war auch nach der gemeinsam gewonnenen Schlacht ungebrochen gewesen. Ériu an ein sterbliches Volk zu verlieren, war eine Schmach, welche die Tuatha de Danaan nicht vergeben konnten.

„War ich tatsächlich die erste, die nein gesagt hat?", fragte Laoise nach einer Weile.

„Um ehrlich zu sein: Ja, du warst die erste."

Laoise lacht.

„Was ist so komisch daran?"

„Nichts. Ich denke, das macht mich einzigartig."

„Laoise, du bist einzigartig. Keine Frage. Was läuft da zwischen dir und Oisín?", fragte Finn.

„Nichts", antwortete Laoise bestimmt.

„Das ist bedauerlich. Für ihn, meine ich."

„Warum?"

„Weil ihr beide einzigartig seid und euch verdient hättet."

„Ich denke, Oisín hat etwas Besseres als mich verdient."

„Also, wenn da zwischen dir und Oisín nichts ist. Ich meine, nur wenn da nichts ist, wenn da auch nichts sein könnte ..."

„Finn, was versuchst du mir zu sagen?", fragte Laoise ein wenig herablassend.

„Mach es mir nicht so schwer."

„In Ordnung, ich höre dir zu."

„Wie du vielleicht weißt, können die Gaeil und die Firbolg untereinander keine Nachkommen haben. Ich weiß, dass das weder der richtige Ort noch der richtige Zeitpunkt ist ..."

„Finn, für uns gibt es gar keinen richtigen Ort und keinen richtigen Zeitpunkt."

„Warum nicht? Was ist denn an mir so schrecklich?"

„Gar nichts. Es ist nicht wegen dir."

„Ríoghnach? Sie wird es verstehen. Als Thronfolger von Connacht bin ich dazu verpflichtet neben ihr auch noch andere Frauen zu wählen."

„Ja, aber nicht mich."

„Du bist schön und klug und ..."

„Und eine der Tuatha de Danaan? Denn darum geht es dir jawohl. Bestimmt könnte dir eine Tuatha de Danaan Frau kräftige Söhne gebären."

„Du irrst dich. Darum geht es mir nicht. Fällt es dir so schwer zu glauben, dass ich dich einfach mag? Dass ich dich vielleicht sogar lieben könnte?"

„Nein, Finn du liebst mich ganz sicher nicht. Und selbst wenn ich wollte, könnte ich dir keinen Sohn gebären." Denn ich trage bereits Oisíns Kind in mir, dachte Laoise, sagte es aber nicht.

12. Das Moor der Sterne

Nachdem alle erwacht waren, machten sich die Reisenden daran den Fíonnghlas zu überqueren. Der Fíonnghlas war kein reißender Strom und daher relativ einfach zu passieren. Auf der anderen Seite erklärte Finn den weiteren Weg:

„Wir müssen das Moor der Sterne durchqueren, bevor wir die Passstraße erreichen. Wir müssen alle dicht beieinander bleiben, damit wir niemanden zurücklassen. Laoise, möchtest du noch etwas sagen?"

„Nein, danke. Ich habe dem nichts mehr hinzuzufügen", erwiderte diese und dachte dabei auch an das, was sie in der Nacht zu Finn gesagt hatte.

Die Reisenden machten sich also auf den Weg durch das Moor der Sterne. Es regnete heftig, und es war viel zu kalt für diese Jahreszeit. Es war als ob die Erde und der Himmel sich gegen sie verschworen hätten. Der ohnehin feuchte Boden wurde durch den Regen zusätzlich aufgeweicht. Jeder Schritt war mühsam. Der Himmel war so dicht mit Wolken verhangen, dass die Strahlen der Sonne ihn kaum durchdringen konnten. Ríoghnach hatte große Mühe, das Tempo der anderen zu halten. Oisín, der sich endlich ganz erholt hatte, und Laoise nahmen sie in die Mitte. Sie befanden sich am Ende des Zugs, während Finn vorausging.

„Ich glaube, ich schaffe es nicht. Ich hasse es, das schwächste Glied in der Kette zu sein, aber ich kann einfach nicht mehr", sagte Ríoghnach außer Atem.

„Doch, du kannst", meinte Oisín ihr gut zuredend.

„Nein, ich kann nicht mehr. Lasst mich einfach hier. Ich bin euch sowieso nur eine Last."

„Hör auf so einen Unsinn zu reden", meinte Laoise. Sie bekam Angst, dass Ríoghnach wirklich einfach aufgeben könnte.

„Aber es ist wahr. Ich bin hier vollkommen nutzlos. Meine Füße tun schrecklich weh und es ist so furchtbar kalt", sagte Ríoghnach weinend und fiel auf ihre Knie.

„Steh wieder auf! Wir werden dich hier nicht zurücklassen", sagte Oisín bestimmt.

„Ríoghnach, erzähl uns von dem Königreich Tír fa Tonn", sagte Laoise, weil sie erkannt hatte, dass man mit aufmunternden Worten hier nicht weiter kam.

„Du warst doch dort. Du weißt, wie es dort ist", entgegnete Ríoghnach abwertend.

Laoise warf Oisín einen Blick zu, der ihn aufforderte, dass er etwas sagen sollte.

„Aber ich weiß es nicht", sagte Oisín, als er verstanden hatte, was Laoise von ihm wollte.

Er reichte Ríoghnach die Hand und half ihr wieder hoch.

„Erst einmal ist es im Königreich Tír fa Tonn nicht soviel anders als im Rest von Ériu", erklärte Ríoghnach.

Laoise nickte Oisín zu.

„Wirklich?", fragte Oisín, auf einmal gar nicht mehr so sicher, ob er sein Interesse nur vortäuschte.

„Wir haben einen König wie die anderen Provinzen auch", erklärte Ríoghnach, die wieder angefangen hatte vorwärts zu gehen, weiter.

„Dein Vater", bestätigte Oisín.

„Ja, und er ist nicht so ein schlechter Mensch, wie du vielleicht denkst. Er hat viel durchgemacht. Ich kann mich kaum an meine Mutter erinnern. An meinen Bruder erinnere ich mich gar nicht mehr", sagte Ríoghnach.

„Für deinen Vater war das sicher nicht einfach."

„Nein. Sein einziger Sohn verschwand und kurz danach starb seine Frau."

„Was ist eigentlich genau passiert?", fragte Oisín, der über diese Geschichte nichts genaueres wusste.

„Mir wurde erzählt, dass er sehr neugierig war und wissen wollte, was sich über der blauen Barriere befindet. Er hatte gehört, dass es da oben noch ein anderes Land gibt. Er wollte unbedingt wissen, wie es dort aussieht und deshalb ist er hoch gestiegen. Er wurde nie wieder gesehen", erzählte Ríoghnach, die neuen Mut gefasst hatte.

„Das tut mir Leid. Aber vielleicht hat er es auch geschafft und hatte ein erfülltes Leben in dieser Welt", sagte Oisín um sie aufzumuntern.

„Das ist ein komischer Gedanke, nicht wahr? Selbst wenn mein Bruder den Aufstieg geschafft hat, wäre er jetzt seit mehren Hundert Zyklen tot."

„Wenn ich nun ins Königreich Tír Fa Tonn zurückgehen könnte und meine Eltern noch am Leben wären, dann wären sie kaum älter als ich jetzt bin. Das ist mehr als komisch", sagte Oisín, der darüber nachdachte, wie es wäre eine

Schwester wie Ríoghnach oder überhaupt eine Familie zu haben. Obwohl er und Cáilte zusammen aufgewachsen waren, hatten sie sich niemals besonders nahe gestanden. Zum ersten Mal in seinem Leben tat ihm das Leid.

„Das merkwürdigste ist jedoch, dass ich mich an wirklich gar nichts mehr erinnere. Es ist als hätten die ersten Jahre meines Lebens nicht stattgefunden", meinte Oisín nach einer Weile.

„Du willst dich auch nicht mehr erinnern und das ist in Ordnung. Du bist jetzt ein Untertan des Königreiches von Connacht, wie du gesagt hast", sagte Ríoghnach verständnisvoll.

Finn kam zu ihnen herüber.

„Ist bei euch alles in Ordnung? Laoise, wir brauchen dich vorne. Wir sind nicht sicher, ob das der richtige Weg ist. Dieses Wetter ist schrecklich", sagte Finn.

„Es ist der Stein. Weil er aus Temair entfernt worden ist, spielt das Wetter verrückt. Das natürliche Gleichgewicht ist durcheinander geraten. Wenn wir nicht erfolgreich sind, wird es noch viel schlimmer", sagte Laoise, während sie Finn mit dem Licht folgte. Oisín und Ríoghnach blieben alleine am Ende des Zuges zurück.

„Trotzdem, Ríoghnach, kann ich meine wahre Herkunft nicht verbergen. Nicht nach allem, was passiert ist", gab Oisín zu.

„Du meinst, nachdem du Laoises Leben gerettet hast?", fragte Ríoghnach.

„Ja, ich habe es ja erst selber nicht verstanden. Ich meine, warum es passiert ist und wie es passiert ist. Doch jetzt beginne ich es zu verstehen", sagte Oisín unsicher.

„Du hast nicht gewusst, dass du sie liebst?", fragte Ríoghnach.

„Es ist wohl zwecklos, das abzustreiten?", fragte Oisín.

„Ja, ist es", entgegnete Ríoghnach.

„Es spielt ohnehin keine Rolle. Sie will mich nicht", meinte Oisín und versuchte dabei gleichgültig zu klingen.

„Sie hat ihre Gründe", erklärte Ríoghnach. Eigentlich hatte sie damit schon zuviel gesagt.

„Du hast mit ihr darüber geredet. Sag mir, was du weißt", sagte Oisín plötzlich gar nicht mehr gleichgültig.

„Ich kann nicht. Ich habe es versprochen", bat Ríoghnach um Verständnis.

„Das ist nicht fair", meinte Oisín energisch.

„Ich weiß. Das Leben ist nicht fair."

Die beiden sagten eine Weile gar nichts mehr. Sie gingen nur stumm hintereinander her. Es gab nicht mehr viel zu sagen. Ihre Worte waren aufgebraucht.

„Es hat aufgehört zu regnen", sagte Oisín, als er schließlich das Schweigen brach.

Ríoghnach war erleichtert. Von der Ebene, auf der sich die Reisenden befanden, konnte man das Meer auf der anderen Seite überblicken.

„Nun sind wir fast am Ziel", rief Finn.

„Danke", sagte Ríoghnach, die schließlich verstanden hatte, was Oisín für sie getan hatte.

„Leider gibt es nichts, wofür ich dir danken kann."

„Sieh doch ein, dass ich es dir nicht sagen kann", sagte Ríoghnach zu Oisín, aber dieser sah das ganz und gar nicht ein.

„Lass es gut sein. Bitte", bekräftigte Ríoghnach nochmals.

„Wir sind fast da", rief Laoise freudig zu Ríoghnach und Oisín herüber und lief zu den beiden. Auch Finn, Cáilte und Diarmuid kamen zu Oisín und Ríoghnach.

„Am Fuße des Sliabh an Iolair werden wir noch einmal rasten und dann müssten wir eigentlich am Ziel sein. Denn einen Punkt, der noch weiter nordwestlich liegt, als die Küste vor den Sliabh an Iolair gibt es in dieser Gegend nicht", sagte Finn.

Nachdem die Reisenden noch einmal kurz gerastet hatten, machten sie sich auf den Weg zum Sliabh an Iolair. Unter sich konnten sie das Meer sehen, dem sie langsam immer näher und näher kamen. Loinnir Síorai, das ewige Licht, schien mit jedem Schritt heller, so dass Laoise es vorsichtshalber mit einem Tuch bedeckte. Finn ging voraus, während sich Laoise am Ende des Zuges befand.

Der Sliabh an Iolair fiel steil zur Küste hin ab. Ein falscher Schritt wäre das sichere Ende. Laoise blieb stehen. Oisín bemerkte das und drehte sich um.

„Ist alles in Ordnung?", fragte er.

„Man kommt sich hier so klein und unbedeutend vor", sagte Laoise.

„Du bist nicht unbedeutend. Komm weiter."

„Doch das bin ich. Das sind wir alle. Und das gibt mir Trost. Denn selbst wenn wir scheitern, wenn es mich nicht mehr geben sollte, dann wird es die Klippen von Chorca Dhuibhne und das Meer immer noch geben. Mein Tod oder mein Leben ändern nichts daran. Die schwarzen Reiter können ganz Ériu einnehmen, doch an diesem Ort wird sich trotzdem nichts ändern."

„Wir werden nicht scheitern", sagte Oisín bestimmt.

„Nein, natürlich nicht", bestätigte Laoise.

Plötzlich packte Oisín Laoise am Arm und hielt sie fest.

„Was ist Oisín, denkst du, dass ich springen werde? Und was ist wenn ich springe? Willst du, dass ich dich mit runter ziehe?", fragte Laoise herausfordernd.

„Das würdest du nicht tun."

„Genau Oisín, das würde ich nicht tun. Ich würde nämlich gar nicht springen. Du kannst mich also ruhig wieder loslassen. Ich habe nur gesagt, dass man sich hier klein und unbedeutend vorkommt", sagte Laoise leise.

Oisín ließ Laoise wieder los. Langsam gingen beide vorwärts, wobei Oisín nun hinter Laoise ging. Finn, der die Szene aus der Ferne beobachtet hatte, glaubte, dass Laoise gestern Nacht gelogen hatte. Zwischen Oisín und Laoise ging sehr wohl etwas vor sich! Doch Finn hatte keine Zeit mehr, sich darüber Gedanken zu machen, ob er sich für die beiden freuen sollte oder ob er doch zu eifersüchtig dafür war, denn unten am Strand an den hohen Klippen erblickte er eine dunkle Festung.

„Dort unten ist es", rief er. Die anderen kamen herbeigeeilt.

„Sie ist riesig", stellte Oisín fest.

Die Reisenden schauten zu einer gewaltigen Festung hinunter. So etwas hatten sie in ihrem ganzen Leben noch nicht gesehen. Dunkel und bedrohlich sah sie aus. Cruachan Aí wirkte gegen diese Festung winzig. Hier befand sich also das Quartier der schwarzen Reiter.

„Wie kommen wir da rein?", fragte Cáilte.

„Unbemerkt schaffen wir das nie", meinte Diarmuid.

„Wir brauchen da schon jemanden, der sich unsichtbar machen kann", sagte Laoise und sah Oisín an.

„Ich bin nicht sicher, ob ich es kontrollieren kann", gab Oisín zu.

„Der Stein ist ohnehin zu schwer, als dass ein Mann ihn tragen könnte", wandte Finn ein.

„Ich könnte es trotzdem versuchen", sagte Oisín, der zu unrecht immer noch das Gefühl hatte, er müsste irgendetwas wieder gut machen.

„Nein, das ist keine gute Idee. Aber, Laoise, das ist jetzt ein guter Zeitpunkt, um mit etwas Schlauem zu glänzen. Was ist mit dem Mantel, den wir vom

König von Laighin bekommen haben? Ich habe ihn dir doch gegeben?", fragte Finn erwartungsvoll.

„Ja, ich habe ihn noch", sagte Laoise und kramte ihn aus ihrer Tasche hervor.

„Ich bin sicher, dass er die Macht besitzt, einen Menschen unsichtbar zu machen, aber ich weiß einfach nicht, wie er funktioniert. Ich weiß, ich bin die Tochter eines Druiden und ich sollte es wissen, doch ich tue es nicht", sagte sie verlegen.

„Hast du mal probiert ihn von der anderen Seite anzuziehen, mit dem Inneren nach außen?", schlug Ríoghnach vor.

„Nein", entgegnete Laoise verwundert.

Sie probierte es an einem Ärmel und ihr Arm verschwand.

„Es war so einfach und ich habe es die ganze Zeit nicht gemerkt. Ich komme mir wie ein Idiot vor", sagte Laoise beschämt.

„Wir machen alle Fehler", sagte Finn und legte ihr seine Hand auf die Schulter, doch im Grunde fand er es sehr merkwürdig, dass Laoise auf so eine banale Sache nicht gekommen war. Hatte sie das vielleicht mit Absicht getan? Finn weigerte sich an diesen einfachen Schluss zu glauben.

„Ja, ich bin froh zu sehen, dass du auch zu den normal Sterblichen gehörst. Ich bin sehr glücklich, dass ich noch erleben durfte, wie Laoise einen Fehler macht. Jetzt wissen wir wenigsten, dass du auch nur ein Mensch bist", sagte Oisín amüsiert.

„Lass es einfach sein, ja?", reagierte Laoise für Oisíns Verständnis viel zu heftig.

„Was machen wir jetzt?", fragte Diarmuid.

„Ich denke, Finn nimmt den magischen Mantel und Oisín benutzt seine magischen Kräfte, die er so perfekt beherrscht. Dann gehen sie in die Festung, holen den Stein und bringen ihn zurück nach Temair", sagte Laoise bissig.

„Ja, genau das ist der Plan. Woher hast du das gewusst? Ich vergaß, deine hellseherischen Fähigkeiten müssen dir das gesagt haben", sagte Oisín ebenso bissig.

„Ich dachte, das hätten wir nun endgültig hinter uns gelassen", merkte Cáilte an.

„Lassen wir die beiden alleine", sagte Ríoghnach, die verstanden hatte, um was es hier ging. Die anderen entfernten sich zusammen mit ihr.

„Ich hoffe, du weißt, dass das sehr ernst ist", sagte Laoise.

„Ja, ich weiß, dass es gut möglich ist, dass wir nicht zurückkommen werden. Ich möchte nur nicht daran denken", entgegnete Oisín.

„Ich möchte auch nicht daran denken", sagte Laoise leise.

Tränen rollten ihr über die Wangen.

„Warum weinst du?", fragte Oisín überflüssigerweise.

„Das weißt du."

„Sag es mir."

„Nein. Wenn ich es sage, habe ich Angst, dass ich es nicht mehr zurück nehmen kann. Viel Glück", sagte Laoise. Sie versuchte sich wieder zu fangen und küsste ihn auf die Wange.

Finn und Oisín machten sich auf den Weg hinunter zur Festung, die siegessicher auf den steilen Klippen von Chorca Dhuibhne thronte.

„Denkst du, dass du es schaffst?", fragte Finn.

„Ich denke ja", antwortete Oisín.

Er dematerialisierte sich. Finn zog den Mantel an und verschwand ebenfalls. Die Festung war aus dunklen Steinen gemauert und kreisförmig angelegt. Es gab, wie es schien, nur einen einzigen Eingang, der durch eine große Holztür verschlossen war. Fenster oder andere Öffnungen gab es nicht. Finn und Oisín gingen rechts um die Festung herum. Vielleicht gab es auf der Seite, die dem Meer zugekehrt war, weitere Öffnungen. Alles schien unbewacht und verlassen zu sein. Aber irgendwoher mussten die Schwarzen Reiter gekommen sein.

„Wie kommen wir nur durch das Tor?", fragte Oisín, der sich wieder sichtbar machte.

„Ich weiß nicht. Kannst du nicht einfach durch das geschlossene Tor gehen?", fragte Finn. Er zog den Mantel wieder aus.

„Dafür müsste ich wissen, was auf der anderen Seite ist."

„Ach so", sagte Finn, der eigentlich keine Ahnung hatte, wovon Oisín da sprach.

Beide schlichen weiter um die Festung.

„Was wirst du tun, wenn das alles hier vorüber ist? Wirst du zurück nach Connacht gehen, den Thron deines Vaters beanspruchen und Ríoghnach zu deiner Königin machen?", fragte Oisín. Er wollte unbedingt davon ausgehen, dass sie erfolgreich sein würden.

„Ja, ich denke schon."

„Ríoghnach wird sicher eine gute Königin sein."

„Ja, das wird sie. Was ist mit dir und Laoise? Was geht da eigentlich vor sich?", fragte Finn neugierig.

„Irgendwas."

„Und was bedeutet irgendwas? Liebst du sie?"

„Ich denke ja."

„Gut. Das ist gut", sagte Finn ein wenig erstaunt, da Laoise ihm doch versichert hatte, dass da „nichts" war.

„Wenn du meinst."

Auf halbem Weg um die Festung herum Richtung Meer, hörten Finn und Oisín das Galoppieren von Pferden. Dicht an die Mauer gepresst schauten sie zurück. Die beiden sahen, wie neun schwarze Reiter aus der Festung hinaus ritten. Finn und Oisín warteten ein paar Minuten und schlichen zurück zum Eingang. Das Tor war geöffnet.

„Ich habe ein ungutes Gefühl dabei", sagte Oisín.

„Ja, ich finde auch, dass es so etwas zu einfach ist", meinte Finn und betrat die Festung. Oisín folgte ihm. Im Inneren der Festung war es finster. Es dauerte einige Minuten, bis sich ihre Augen an die Dunkelheit gewöhnt hatten und sie überhaupt etwas erkennen konnten.

Zu ihrer Überraschung befand sich im Inneren nichts. Jedenfalls nichts, das man bis dahin erkennen konnte.

„Was geht hier vor sich?", fragte Oisín überrascht.

„Die Festung scheint verlassen zu sein", sagte Finn ebenso verwundert.

„Wo sind dann nur die schwarzen Reiter hergekommen?"

In der Ferne sah man ein fades Licht. Sie gingen darauf zu und stellten fest, dass es von einer Fackel stammte, die an einer weiteren dunklen Mauer hing.

„Rechts oder links?", fragte Finn.

„Ist das nicht völlig egal?", fragte Oisín zurück, der sich in diesem Gemäuer nicht wohl fühlte. Dieser Ort strahlte eine gewisse Beklemmung aus. Oisín hatte das Gefühl, dass er von den Wänden augenblicklich erdrückt werden würde. Er hörte ein dumpfes Geräusch, das tief aus dem Inneren der Erde zu kommen schien. Sie gingen rechts entlang der Mauer und kamen schließlich zu einem weiteren Durchgang, über dem eine Fackel hing. Links neben dem Durchgang befand sich eine Öffnung im Boden. Finn ging näher zur Öffnung und sah, dass es eine Treppe war, die hinunter führte.

„Treppe nach unten oder durch den Gang weiter nach innen?", fragte er Oisín.

„Das ist mir gleich. Lass uns nur einfach weiter gehen", sagte Oisín erregt.

„Ist alles in Ordnung?", fragte Finn erstaunt.

„Ja, mir geht es gut. Ich hätte nur gerne ein bisschen mehr Licht und weniger Enge. Für dunkle geschlossene Räume hatte ich noch nie etwas übrig. Als ich noch ein Kind war, konnten mir die verworrenen Gänge unter Cruachan Aí wirklich Angst einjagen", erklärte Oisín.

„Du bist als Kind durch die Gewölbe von Cruachan Aí geschlichen?", fragte Finn interessiert.

„Ja, zusammen mit Éremón. Das war lange bevor Donn ihn nach Alban geschickt hat. Lange bevor Donn entschied, dass ich kein Umgang für Éremón bin", sagte Oisín und überlegte kurz, ob er Finn die Wahrheit über Éremón sagen sollte.

„Ich würde eher sagen, dass Éremón kein Umgang für dich ist", sagte Finn.

„Er ist nicht so übel, wie du vielleicht denkst. Es ist nicht so, dass ihm das Schicksal der Menschen egal ist. Er hat beim Wiederaufbau der Felder von Cruachan Aí durchaus geholfen. Er glaubt jedoch, dass er an dem großen Ganzen nichts ändern kann. Er glaubt an eine Art göttlichen Plan, der unumstößlich ist. Also, wenn er sich uns angeschlossen hätte und kämpfen würde, würde das nach Éremóns Vorstellung nichts ändern", erklärte Oisín und musste einsehen, dass Laoise hier zumindest Recht hatte. Es war besser Finn nicht die Wahrheit zu sagen.

„Also für mich klingt das ziemlich dämlich. Jeder kann doch die Zukunft entscheidend prägen. Hätte sich Laoise uns nicht angeschlossen, hätten wir jetzt das Licht nicht und hätten niemals hierher gefunden. Und wenn du in Cruachan Aí geblieben wärst, hätten wir auf der Ebene von Magh nAla verloren", sagte Finn.

„Ich weiß nicht. Übertreibst du da nicht ein wenig?", meinte Oisín.

„Dann stell dir die Situation ohne dich vor. Cáilte und Diarmuid hatten nicht die geringste Chance gegen die schwarzen Reiter. Und Laoise hat viel zu spät reagiert. Keine Ahnung warum das bei ihr so lange gedauert hat und das bei ihrem Potenzial!", sagte Finn, wobei er sich im Nachhinein über Laoise ärgerte.

„Bei ihrem Potential?", fragte Oisín und erst jetzt erkannte Finn, dass er wohl der einzige geblieben war, dem Laoise die Wahrheit gesagt hatte. Deshalb sagte er schnell:

„Ja, ich meine, weil sie doch so gut ausgebildet worden ist – am Schwert."

„Hm", antwortet Oisín einsilbig. Finn wusste, dass Oisín über Laoises Herkunft auch Bescheid wusste – es war ja auch mehr als offensichtlich. Finn war sich aber auch darüber klar, dass Laoise es Oisín nicht gesagt hatte. Oisín auf der anderen Seite wusste nun, dass Laosie es Finn gesagt hatte. Er fühlte sich übergangen und verraten. Finn war die Situation peinlich. Er wusste nicht so recht, was er noch sagen sollte. Er fragte sich, warum Laoise Oisín keinen reinen Wein eingeschenkt hatte. Finn überlegte, ob dass alles irgendetwas mit der alten Feindschaft zwischen den Tuatha de Danaan und den Firbolg zu tun hatte. Wusste Oisín überhaupt irgendetwas davon? Über Bres und Sreng, den Verrat von Magh Tuireadh und den Bruderkampf? Hatte Ríoghnach ihm irgendetwas darüber erzählt und wenn ja würde sich Oisín durch so etwas beeinflussen lassen? Laoise auf der anderen Seite war irgendwie nicht der Typ, der sich von so was beeindrucken ließ. Wenn sie es für richtig hielt mit einem Firbolg durchzubrennen, würde sie das machen. Finn wurde aus der ganzen Sache nicht schlau.

Sie gingen weiter zum Mittelpunkt der Festung. Im Inneren der zweiten Mauer befand sich ein kuppelförmiges Gebilde, das von außen durch mehrere Fackel beleuchtet wurde. Der Eingang war bogenförmig. Finn schaute hinein. Der Boden war mit Asche bedeckt und es roch nach Feuer.

„Für was das wohl benutzt wird?", fragte Oisín.

Finn tastete die Wand mit seinen Fingern ab und sie wurden von der Berührung schwarz.

„Der Raum ist nach oben geschlossen. Ein Feuer kann man hier drin nicht entzünden", sagte Finn.

Oisín ließ seinen Blick über das Innere der Kuppel wandern. Unten, wo die Wand an den Boden stieß, befanden sich Steine, die seltsame in den Stein gehauene Muster aufwiesen. Oisín machte einen Schritt zur Mitte der Kuppel und etwas klirrte dumpf unter seinen Füßen.

„Was war das?", fragte Finn alarmiert.

„Das war der Boden", sagte Oisín und kniete sich auf diesen. Er klopfte mit seiner rechten Faust den Boden ab. Abermals war das dumpfe Geräusch zu hören.

„Unter der Asche befindet sich etwas Metallisches", sagte Oisín überrascht.

Finn kniete sich nun ebenfalls hin und strich an einer Stelle die Asche beiseite. Eine schwarze ebene Fläche kam zum Vorschein.

„Hast du eine Ahnung, was das ist?", fragte Oisín.

„Nein, nicht die geringste, aber wir sollten nicht hier bleiben", antwortete Finn und stand schnell wieder auf.

„Warum?", fragte Oisín, der immer noch auf dem Boden kniete. Er betrachtete interessiert die Steinornamente.

„Es ist einfach so. Wir dürfen nicht hier bleiben", bekräftigte Finn.

„Du weißt doch mehr, als du zugeben möchtest", bohrte Oisín weiter. Er stand langsam auf.

„Nein, ich weiß auch nicht mehr. Ich weiß wirklich nicht, was du willst", sagte Finn.

„Ehrlichkeit. Ein bisschen mehr Ehrlichkeit", sagte Oisín.

„Ehrlichkeit? Na, das sagt gerade der Richtige. Meinst du, dass du in der Position bist mehr Ehrlichkeit zu fordern?", meinte Finn scharf.

„Wir machen alle Fehler, oder?", sagte Oisín ruhig.

Finn nickte ihm kurz zu und sagte:

„In Ordnung, wenn du mit mir hieraus kommst, dann sage ich dir, was ich weiß. Aber ich sage dir jetzt schon mal: Viel ist es nicht", sagte Finn, als er sich wieder beruhigt hatte.

Oisín und Finn verließen den merkwürdigen Raum und gingen zum Eingang, durch den sie gekommen waren.

„Gehen wir zurück zur Treppe?", fragte Oisín.

„Eine andere Möglichkeit haben wir nicht mehr", sagte Finn und schwieg.

Oisín fragte sich, ob er wirklich noch einmal nachfragen musste. Doch nach ein paar Schritten brach Finn sein Schweigen wieder:

„Als ich gesagt habe, dass ich auch nicht mehr weiß als du, war das im Grunde nicht gelogen. Ich habe auch keinen Beweis dafür, dass es stimmt. Was ich weiß, weiß ich auch nur von Laoise …"

„Von Laoise?", fragte Oisín irgendwo zwischen enttäuscht und wütend. Warum erzählte Laoise Finn Dinge, von denen er selbst nichts wusste?

„Ja, sie sagt, dass die schwarzen Reiter nicht aus Ériu oder Alban kommen oder von sonst wo aus der uns bekannten Welt stammen."

„Ja, und wo sollen sie dann herkommen?", fragte Oisín erwartungsvoll.

„Laoise meint, dass jemand den Stein von Temair dazu benutzt hat, um ein Portal in eine andere Welt zu öffnen und um die schwarzen Reiter hierher zu führen", erklärte Finn.

„Das hat Laoise gesagt?"

„Ja, in Temair. Ich weiß, es klingt seltsam, aber die Tuatha de Danaan sind selbst auch so nach Ériu gekommen", erklärte Finn weiter.

„Jemand hat mit dem Stein von Temair ein Portal geöffnet und die Tuatha de Danaan nach Ériu geführt?", fragte Oisín ungläubig.

„Nein, die Tuatha de Danaan sind mit dem Stein durch das Portal gekommen", sagte Finn.

Damit hatte Oisín nicht gerechnet. Jetzt war er ziemlich durcheinander. Er dachte einen Moment nach und blieb stehen. Gab das Ganze einen Sinn? Der Stein von Temair, die schwarzen Reiter, die Tuatha de Danaan und das seltsame Verhalten von Laoise? Ja, es ergab Sinn, aber der gefiel Oisín nicht. Er ging schnell mit Finn weiter zurück zur Treppe und ließ sich nichts anmerken. Sie stiegen die Treppe hinab. Hier ging das Mauerwerk nahtlos in die dunklen Felsen über. Felsen und Festung bildeten eine Einheit, so als ob das eine aus dem anderen gewachsen wäre. Es wurde immer dunkler.

„Ich gehe zurück nach oben und hole eine der Fackeln", sagte Oisín schließlich.

„Ja, aber sei vorsichtig", meinte Finn.

„Ich hatte nicht vor, unvorsichtig zu sein."

Finn konnte in dem Gang vor ihm überhaupt nichts erkennen. Man sah kaum die Umrisse des Eingangs. Dahinter war alles schwarz. Erst als Oisín mit der Fackel wiederkam, konnten sie mehr erkennen. Der Gang schien in den Felsen gehauen zu sein, auf dem die Festung stand. Vorsichtig gingen Finn und Oisín den Gang entlang bis sie vor einer Abzweigung standen. Diesmal fragte Finn nicht, ob Oisín den linken oder den rechten Gang bevorzugte und nahm einfach den rechten.

Nach wenigen Metern standen sie erneut vor einer Abzweigung. Finn wollte rechts gehen, doch Oisín sagte:

„Warte! Verzweigte dunkle Gänge. Kommt dir das nicht irgendwie bekannt vor? Hier ist es wie in Cruachan Aí", sagte Oisín.

„Die Tuatha de Danaan sollen das Tunnelgeflecht unter der Burg von Cruachan Aí errichtet haben", sagte Finn.

„Ja, ich weiß und wenn sie die Tunnel unter Cruachan Aí errichtet haben, dann ist es doch wahrscheinlich, dass sie auch diese Tunnel errichtet haben", führte Oisín seinen Gedanken fort.

„Selbst wenn das stimmen würde, was beweist das schon? Meine Familie hat Jahrhunderte in Cruachan Aí gelebt, aber dass hat mich zu keinem der Tuatha de Danaan gemacht", entgegnete Finn.

„Gib doch zu, dass dieser Ort Cruachan Aí auf seltsame Weise ähnlich ist. Nehmen wir doch nur mal an, dass die Tuatha de Danaan hinter allem stecken, dann wissen wir nun wenigstens mit wem wir es zu tun haben."

„Oisín, das stimmt nicht. Die Tuatha de Danaan haben hiermit nichts zu tun ..."

„Still."

Geistesgegenwärtig löschte Oisín die Fackel und dematerialisierte sich. Auch Finn verschwand wieder. In der Ferne war ein leises Flüstern zu hören. Sie gingen langsam auf das Geräusch zu.

„Ich habe die Nachricht bekommen, dass Finn, der Thronfolger von Connacht, noch am Leben ist."

Der Gang mündete in einen riesigen erhellten Saal, in dem sich zwei Gestalten befanden. Mitten durch den Saal floss ein unterirdischer Fluss, der den Saal mit einem Rauschen erfüllte. Weitere Gänge mündeten in den Raum.

„Selbst wenn das wahr wäre, sehe ich nicht, weshalb uns das beunruhigen sollte. Wir haben uns des Hochkönigs entledigt und werden die Provinzen nun eine nach der anderen unterwerfen. Connacht haben wir so geschwächt, dass wir es bald einnehmen können und dann nehmen wir uns Ulaidh und seinen geistesschwachen König vor", entgegnete die andere Person.

„Mein Informant sagte auch, dass der König des Tír fa Tonn Finn das Licht Loinnir Síorai gegeben hat und dass er mit seiner Fianna auf dem Weg hierher ist", sagte die erste Person weiter.

„Die Tage der Fianna sind vorbei. Es gibt nichts was Finn uns entgegensetzen könnte, selbst wenn er noch leben würde", meinte die andere Gestalt.

Oisín und Finn schlichen zurück in den Gang, aus dem sie gekommen waren.

„Jemand hat uns verraten", sagte Finn leise.

„Was tun wir jetzt?", fragte Oisín erschöpft.

„Ich weiß nicht. Aber wir haben gleich mehrere Probleme. Der Hochkönig ist tot und die Provinzen sind in großer Gefahr. Die eine Gestalt trug das Wappen von Mumhain. Sieht so aus, als wäre der König von Mumhain ein dunkles Bündnis eingegangen. Was weißt du über ihn?"

„Nicht viel. Sein Name ist Eoghan Mor. Er soll unter zweifelhaften Umständen an den Thron von Mumhain gekommen sein", sagte Oisín mit großer Mühe.

Erst jetzt bemerkte Finn, wie erschöpft Oisín war.

„Was ist los?", fragte Finn.

„Es ist alles in Ordnung. Aber dieses Dematerialisieren kostet viel Kraft."

„Warten wir eine Weile und gehen dann wieder in den Saal."

„Was denkst du, woher haben sie gewusst, dass wir kommen?"

„Ich weiß nicht", antwortete Finn, doch eigentlich hatte er eine klare Vermutung, wer hinter dem Verrat stand.

Nach ein paar Minuten gingen sie, beide wieder unsichtbar, zurück in den Saal. Aus der Ferne konnten sie nun mehrere Stimmen hören.

„Seht, was unsere Späher gefunden haben."

Finn und Oisín mussten sehen, dass die schwarzen Reiter Cáilte, Diarmuid und Ríoghnach gefangen genommen hatte. Sie wurden von drei schwarzen Gestalten, die mit Speeren und Schwertern bewaffnet waren, bewacht. Neben Eoghan Mor, befand sich auch die Person im Thronsaal, die Finn und Oisín eben schon gesehen hatten. Nur Laoise konnten sie nicht entdecken.

„So, wer von euch ist Finn?", fragte Eoghan Mor.

„Ich bin Finn", antwortete Cáilte.

Der König schaut den dunkelhaarigen Cáilte an.

„Finn ist ein interessanter Name für jemanden, der so dunkles Haar hat. Also, wer von euch ist wirklich Finn?", fragte der König und sah Diarmuid an.

„Er ist tot. Er ist ins Moor gefallen", sagte Ríoghnach schließlich.

„Werft sie in den Kerker. Vielleicht fallen ihnen dort ein paar bessere Geschichten ein", sagte Eoghan Mor erbost.

Ríoghnach, Cáilte und Diarmuid wurden von den drei dunklen Getsalten weggebracht.

„Was tun wir nur?", flüsterte Oisín zu Finn.

„Wir trennen uns. Du suchst den Kerker und ich suche den Stein", entschied Finn.

Oisín folgte den Wachen, welche die anderen durch einen der Gänge fortgebracht hatten. Der Weg war lang und mit jedem Meter wurden Oisíns Schritte schwerer. Erst als sie am Ende des Ganges ankamen, schlossen die Wachen Ríoghnach und die beiden Männer in einer modrigen Zelle ein. Als die Wachen den Kerker endlich wieder verließen und sich entfernt hatten, machte sich Oisín wieder sichtbar. Vor Erschöpfung fiel er gegen die Gitterstäbe. Die anderen erschraken.

„Leise. Ich bin es nur", sage Oisín langsam.

„Oisín? Ich bin froh dich zu sehen. Wo ist Finn?", fragte Ríoghnach.

„Es geht ihm gut. Was ist passiert?"

„Wir wurden überrascht", entgegnete Cáilte.

„Ich denke, dass uns jemand verraten hat", sagte Diarmuid.

„Wo ist Laoise?", fragte Oisín.

„Wir wissen es nicht. Plötzlich war sie verschwunden", antwortete Ríoghnach.

„Das ist recht merkwürdig", stellte Oisín fest. Ihn befielen nun ernsthafte Zweifel an Laoises Loyalität.

„Ich weiß, aber sie hat bestimmt nichts damit zu tun", sagte Ríoghnach, der nicht entgangen war, was Oisín implizieren wollte.

„Da wäre ich mir nicht so sicher", entgegnete Oisín kalt.

„Wie kannst du nur so etwas denken? Hol uns lieber hier raus", sagte Ríoghnach entrüstet.

„In Ordnung, ich werde die Schlüssel suchen."

Oisín machte sich wieder unsichtbar.

„Glaubt ihr etwa auch, dass Laoise uns verraten hat?", fragte Ríoghnach.

„Nein, nur um ehrlich zu sein, denn leiden kann ich sie auch weiterhin nicht", entgegnete Cáilte.

„Sie hat etwas ganz seltsames an sich. So etwas Unberührbares. Ich traue ihr nicht, trotzdem glaube ich nicht, dass sie es war, die uns verraten hat", pflichtete Diarmuid Cáilte bei.

Währenddessen hielt sich Finn weiter in dem großen Saal auf. Eoghan Mor, der König von Mumhain, und eine andere Gestalt, eindeutig kein schwarzer Reiter, waren ebenfalls dort.

„Illan, du bist in der Zauberkunst wohl bewandert. Wo ist Finn?", fragte Eoghan Mor seinen Komplizen.

„Ich kann es dir nicht sagen. Wir werden den Spiegel befragen. Allerdings benötigen wir auch den Stein von Temair dafür", erklärte Illan.

„Gut, ich werde alles vorbereiten."

Illan, der Zauberer, verließ den Saal. Der König wartete bis er verschwunden war und ging dann zum anderen Ende der Halle. Dort bestand die Wand nur aus Felsen. Er legte die Hand auf einen Teil der Felswand und dieser öffnete sich. Dahinter leuchtete ein grünes Licht. Der Stein von Temair.

Für Oisín war es ein Kinderspiel an den Schlüssel des Kerkers zu kommen. Er konnte von den dunklen Gestalten ja nicht gesehen werden. Der Schlüssel hing einladend an einem Haken an der Wand. Oisín nahm ihn an sich und befand sich schon wieder auf dem Weg zum Kerker. Er musste sich beeilen, denn er fühlte sich immer schwächer. Beim Kerker angekommen, machte er sich sofort wieder sichtbar und öffnete den Gefangenen die Tür. Er war so schwach, das Cáilte ihn stützen musste.

„Du glaubst nicht wirklich, dass sie es getan hat, oder?", fragte Ríoghnach, wobei sie im Moment kein Mitleid für Oisín aufbringen konnte.

„Sie ist nicht hier, oder?", entgegnete Oisín mit großer Mühe.

„Ich glaube, das Benutzen deiner Fähigkeit raubt dir nicht nur die Kraft, sondern auch den Verstand. Wenn sie uns verraten hat, wieso hat sie das Licht vom Grund des Meeres geholt?", gab Ríoghnach zu bedenken.

„Vielleicht um den Stein von Temair zu finden, der einmal den Tuatha de Danaan gehört hat", entgegnete Oisín wieder einigermaßen gefasst.

Ríoghnach war überrascht.

„Das wusstest du nicht, nicht wahr?", sagte Oisín triumphierend.

„Trotzdem! Du kannst nicht ernsthaft glauben, dass Laoise uns verraten hat."

„Dann gib mir einen Grund es nicht zu glauben."

„Ich kann nicht. Ich habe es ihr versprochen."

„Dann muss ich glauben, was ich glaube."

„Ich habe gesehen, wie sie geweint hat, als du mit Finn in die Festung gegangen bist. Oisín, sie liebt dich doch. Sie würde das nicht tun."

„Das glaube ich dir nicht. Sie sagte mir, sie werde nicht mit mir kommen. Sie spielt nur mit uns. Ich habe gleich gewusst, dass etwas mit ihr nicht stimmt. Ich hätte besser auf mein Gefühl vertrauen sollen", sagte Oisín. In ihm flackerten alte Befürchtungen wieder auf.

Jetzt konnte Ríoghnach nicht mehr anders. Sie musste Oisín die Wahrheit sagen.

„Das ist nicht wahr. Sie liebt dich so sehr, dass sie für dich ihr Leben hergeben wird. Sie hat der Hüterin der Quellen von Sláine ihr eignes Leben versprochen, wenn sie dich dafür rettet. Oisín, sie wird sterben!"

Oisín war schockiert. Er war für einen Moment vollkommen sprachlos. Auch Diarmuid und Cáilte trafen Ríoghnachs Worte vollkommen überraschend. Hatten sie sich letzten Endes alle in Laoise getäuscht?

„Aber das durfte sie nicht tun. Ich habe ihr dieses Leben gegeben", sagte Oisín schließlich.

„Und sie hat es dir zurückgegeben", sagte Ríoghnach, und wusste doch nicht, wie sie Oisín helfen sollte.

„Aber warum für mich?", fragte Oisín.

„Du weißt doch, warum du sie gerettet hast. Dann kennst du auch die Antwort auf die Frage, warum sie dasselbe für dich getan hat."

Eoghan Mor schloss die Wand, hinter der sich der Stein von Temair befand wieder und verließ den Saal. Finn war nun alleine, trotzdem blieb er unsichtbar. Er ging zu der Felsenwand und öffnete diese genauso wie Eoghan Mor es getan hatte. Dort lag er, der Stein von Temair. Finn wollte ihn berühren, doch irgendetwas hielt ihn davon ab. Er zog seine Hand zurück und wollte die Tür wieder schließen. Aber bevor es das tun konnte, riss ihm jemand den Mantel vom Leib. Er wurde wieder sichtbar. Er dreht sich um und vor ihm stand Eoghan Mor.

„Finn, Sohn von Cumhal, hast du wirklich geglaubt, dass du mich mit so einem falschen Zauber überlisten kannst?"

Beide zogen die Schwerter. Eoghan Mor schien noch sehr jung zu sein. Seine Augen waren tiefschwarz, seine Haut ganz blass, so als ob er noch nie das Sonnenlicht gesehen hätte. Sein schulterlanges Haar war ebenfalls schwarz. Über dem Auge hatte er eine fast handbreite, lange, hässliche Narbe.

„Du hast Fiacha Sraibhtine ermordet. Das ist Hochverrat", sagte Finn unerschrocken.

„Es ist seltsam, dass du das sagst. Du hattest nie viel für die Krone übrig und das bereits bevor Hochkönig Cairbre Lifechair die Fianna zerstört hatte. Nicht zu vergessen, dass Fiacha Sraibhtine Almhuin, das ach so stolze Hauptquartier der Fianna, niederbrennen ließ", meinte Eoghan Mor provozierend.

„Das ändert nichts an deinem Verrat."

„Was war das damals bei der Schlacht von Gabhra für ein Gefühl, als sich einige deiner eigenen Leute dazu entschieden haben auf der Seite von Cairbre Lifechair zu kämpfen, weil sie nicht auf der Seite der Verlierer stehen wollten? Und das alles nur wenige Jahre nach der Schlacht von An Trá Bhán, bei der du Ériu so heldenhaft verteidigt hast, und Cairbre nur durch seine Abwesenheit auffiel. Und jetzt empörst du dich tatsächlich darüber, dass ich den Sohn von Cairbre, deinen Erzfeind, getötet habe?"

Finn schwieg, denn es tat ihm tatsächlich kein bisschen Leid, dass Fiacha Sraibhtine tot war.

„Ich bin ohnehin viel zu stark für dich. Der Stein von Temair hat mir Kräfte verliehen, von denen du nur träumen kannst. Gib lieber jetzt schon auf."

„Was? Bevor wir überhaupt begonnen haben?", fragte Finn unbeeindruckt.

„Dann habe ich keine Wahl!"

Eoghan Mors Schwert traf mit einem lauten, scharfen Klirren auf Finns Klinge, doch dieser hielt stand.

„Wie ich sehe, hast du dein Tuatha de Danaan Schwert. Eine gute und schnelle Waffe, aber hier wird sie dir nichts nützen", sagte Eoghan Mor siegessicher und holte ein zweites Mal aus. Finn musste erneut zurückweichen.

„Die Tuatha de Danaan werden dir auch sonst keine Hilfe sein, Halbblut", sagte Eoghan Mor überheblich.

„Da wäre ich mir nicht so sicher", meinte Finn gelassen.

„Glaubst du wirklich, dass dich die Tutaha de Danaan noch einmal retten werden?"

Eogahn Mors blutunterlaufene Augen mit den tiefschwarzen Pupillen sahen Finn spöttisch an. Eoghan Mor setzte erneut zum Schlag an. Er war unheimlich schnell. Finn hatte gar nicht die Möglichkeit selbst einen Angriff auszuführen. Eoghan Mor war noch viel schneller als Laoise und natürlich auch um einiges kräftiger. Finn wusste, dass er keine Chance hatte. Beim nächsten Angriff von Eoghan Mor konnte Finn zwar ausweichen; jedoch traf ihn ein zweiter Schlag am linken Arm. Er sah sein eigenes Blut zu Boden tropfen und wunderte sich nicht einmal dabei.

„Wir können immer noch Verbündete sein. Ich als neuer Hochkönig und du als Führer einer neuen Fianna. Wir können Ériu wieder Frieden und Stabilität bringen. Wir können die Provinzen wieder vereinigen", sagte Eoghan Mor.

„Wir werden niemals Verbündete sein!", meinte Finn entschieden.

„Dann wirst du sterben. Schade eigentlich", sagte Eoghan Mor, seine Überlegenheit auskostend.

Eoghan Mor traf Finn so, dass dieser das Schwert verlor.

„Ich sterbe lieber, als auf deiner Seite zu stehen!", bekräftigte Finn seine Entscheidung

Finn schloss die Augen und Eoghan Mor holte zum letzten Schlag aus. Doch plötzlich wurde er von einem Pfeil getroffen, der sich von hinten durch seine Brust mitten durch sein Herz bohrte. Er fiel tot zu Boden. Hinter ihm stand Laoise.

„Laoise, du hast mir das Leben gerettet", sagte Finn erstaunt.

„Und das meinige habe ich verloren. Die Seherin des Königs von Ulaidh hat mir gesagt, dass wenn ich mit dir gehe, du mein Verderben bist. Sie hat gesagt, dass ich sterben werde. Doch ich bin trotzdem gegangen. Es war meine Entscheidung. Du siehst, es ist nicht wahr, was man über Tuatha de Danaan Frauen sagt. Sie bedeuten nicht das Verderben für die Männer der Gaeil. Es ist umgekehrt. So war es schon immer. Bei deiner Mutter und deinem Vater war es auch so. Weißt du, warum wir bei der Schlacht von An Trá Bhán auf der Seite der Gaeil gekämpft haben? Weil deine Mutter den Gedanken nicht ertragen konnte, ihren einzigen Sohn zu verlieren. Deine Mutter hat den Hohen Rat der Tuatha de Danaan davon überzeugt auf der Seite der Gaeil zu kämpfen", sagte Laoise und Finn verstand kein Wort von dem, was Laoise gerade gesagt hatte.

In diesem Augenblick stieg Airmed, die Hüterin der Quellen von Sláine, aus dem Fluss.

„Laoise, Tochter des Druiden von Garrán Dubh, du hast dein Schicksal erfüllt. Du musst jetzt mit mir kommen, denn dein Leben gehört von nun an mir", sagte Airmed und Finn verstand langsam, was Laoise gemeint hatte.

„Jetzt noch nicht. Gib mir nur noch einen Moment. Finn, du musst den Stein des Schicksals zurück nach Temair bringen. Du darfst ihn nirgendwo sonst hinbringen. Das Portal wird sich so wieder schließen. Doch werden unsere Probleme bleiben. Keine Armee der Gaeil kann die schwarzen Reiter bezwingen, selbst wenn du es schaffst die Provinzen Érius wieder zu vereinigen. Du musst die Reiter der Sidhe um Hilfe bitten", sagte Laoise gefasst.

„Ich kann nicht. Sie werden mich nicht anhören", entgegnete Finn.

„Doch das werden sie. Immerhin bist du zur Hälfte einer von ihnen. Aber du musst zuerst ein Zeichen setzen. Bring' den Stein zurück nach Temair. Beweise den Tuatha de Danaan, dass es eine Chance auf den Sieg gibt", sagte Laoise weiter.

„In Tráigh Lí habe ich für einen Augenblick geglaubt, dass du ein doppeltes Spiel spielst. Ich dachte, du wärst nur mit uns gekommen um den Stein des Schicksals zurück zu den Tuatha de Danaan zu bringen. Bitte verzeih' mir", sagte Finn.

„Ich wollte den Stein tatsächlich zurück zu den Tuatha de Danaan bringen und ich will es noch. Ich wünsche mir nichts so sehr wie, dass wieder einer der Tuatha de Danaan auf dem Thron in Temair sitzt", sagte Laoise.

„Laoise, ich kann das nicht", sagt Finn. Nun hatte er endlich begriffen, auf was Laoise anspielte.

„Das reicht jetzt. Du musst mit mir kommen, Laoise", sagte Airmed schließlich.

„Folgt dem Fluss, der durch die Höhle fließt. Er wird euch sicher nach draußen führen. Das Licht Loinnir Síorai habe ich am Ufer des Flusses gelassen. Du musst es zurück ins Königreich Tír fa Tonn bringen. Ich habe es versprochen. Lebewohl Finn, Sohn von Cumhal", sagte Laoise und trat ins Wasser.

In diesem Moment stürzten die anderen in den Saal.

Als Oisín sah, dass Laoise in den Fluss stieg, rief er verzweifelt:

„Nein, das geht nicht. Ihr Leben gehört mir. Ich habe es ihr gegeben."

„Es tut mir Leid, Oisín, aus dem Königreich Tír fa Tonn, aber wir haben eine Abmachung. Dein Leben gegen ihres", entgegnete Airmed streng.

„Es ist in Ordnung. Mir macht es nichts aus, dass ich nun mit ihr gehen muss", sagte Laoise tapfer und schaute Oisín dabei traurig an.

„Das darf nicht sein", sagte Oisín verzweifelt.

„Es gibt keinen Grund für dich um mich zu trauern. Ich habe mein Leben gelebt. Ich bin eine Tuatha de Danaan", erklärte Laoise.

„Aber das weiß ich doch und es ist mir egal", entgegnete Oisín aufgelöst, doch Laoise ging tiefer ins Wasser.

Die Hüterin der Quelle reichte Laoise die Hand, doch als sie diese berührte, zog sie sie verwundert zurück.

„Sieht aus, als hätten wir mehr bekommen, als uns versprochen worden ist. Laoise, warum hast du das vor mir verborgen? Das macht die ganze Sache viel interessanter, wenn auch komplizierter. Alleine kann ich das nicht mehr entscheiden. Die anderen würden es herausfinden. Wenigstens haben ich nun 8 Monde Zeit darüber nachzudenken, was ich tun werde. Ich werde dich erst einmal mit nach Sláine nehmen", sagte Airmed erfreut.

Sie reichte Laoise erneut die Hand und in diesem Moment wurden beide vor den Augen der anderen zu Wasser und verschwanden.

Die Reisenden standen wie gelähmt da. Sie konnten nicht glauben, was sie soeben gesehen hatten. Oisín starrte zum Fluss. Sein Gesicht hatte jegliche Farbe verloren.

„Ich weiß, dass das nicht einfach war, aber wir müssen den Stein zurück nach Temair bringen, sonst war alles umsonst. Cáilte, hilf mir!", sagte Finn endlich, nachdem er sich aus seiner Erstarrung gelöst hatte.

Finn und Cáilte wollten den Stein aus der Wand heben. Doch als Finn den Stein berührte, fing dieser an zu vibrieren.

„Was war das?", fragte Diarmuid erstaunt.

„Das war der Stein. Du weißt, was das bedeutet. Der Stein hat einen neuen Hochkönig bestimmt", sagte Cáilte.

„So ein Unsinn", entgegnete Finn, doch als er den Stein erneut berührte, vibrierte dieser abermals.

„Diarmuid, heb' du den Stein mit Cáilte aus der Wand", sagte Finn.

Diarmuid und Cáilte kamen Finns Aufforderung ohne Probleme nach.

„Kein Wort darüber. Zu niemandem. Ihr habt gehört, was Laoise gesagt hat, wir müssen dem Fluss folgen", trieb Finn die anderen an.

Sie folgten dem Fluss und wechselten sich beim Tragen des Steines ab. Finn achtete darauf, dass seine Finger den Stein nicht noch einmal berührten. Er hatte seine Hände mit einem Zipfel seines Inars bedeckt.

Oisín hatte seit dem Verschwinden Laoises kein Wort mehr gesprochen. Geistesabwesend folgte er den anderen.

„Oisín hat das schwer getroffen", sagte Finn zu den anderen.

„Wie sollte es auch anders sein? Immerhin haben sich die beiden geliebt", meinte Ríoghnach.

„Vielleicht wollte Laoise deshalb nicht, dass er es erfährt", stellte Cáilte fest.

„Macht ihr nun mich dafür verantwortlich?", fragte Ríoghnach, die sich angegriffen fühlte.

„Nein, das tun wir nicht. Aber wir wollen, dass du mit ihm redest", sagte Finn.

„Aber was soll ich ihm denn sagen? Dass er es am besten vergessen soll?", fragte Ríoghnach, die selber ziemlich am Ende war.

„Du wirst schon die richtigen Worte finden. Bitte, Ríoghnach, du musst es versuchen. Ich habe wirklich Angst um ihn. Ich möchte nicht noch jemanden verlieren", sagte Finn ernsthaft besorgt.

„Ich werde es versuchen", entgegnete Ríoghnach gefasst und ging zu Oisín.

„Oisín, ich würde gerne mit dir reden."

„Nein, das willst du nicht. Du möchtest mich prüfen – mich prüfen, ob ich vielleicht mein eigenes Leben nehmen werde. Das werde ich nicht tun. Jetzt nicht. Du kannst Finn sagen, dass er mich das nächste Mal auch selber fragen kann, wenn er den Mut dazu hat."

„Oisín, tief aus dem Innersten meines Herzens, es tut mir so Leid für dich. Ich wünschte, dass wäre alles nicht passiert. Wenn du dir selbst etwas antust, kommt sie dadurch auch nicht wieder zurück. Und du hast gehört, was die Hüterin der Quellen von Sláine gesagt hat. Es gibt vielleicht noch Hoffnung."

„Ich habe aber keine Hoffnung mehr. Ich sehe auch keinen Grund, weshalb die Hüterin der Quelle Laoise wieder frei geben sollte."

„Aber ...''

„Komm, Ríoghnach lass ihn alleine. Er braucht Zeit", sagte Cáilte, der zu den beiden herübergekommen war.

„Wir haben da noch ein ungelöstes Problem. Wir sind losgezogen, um den Stein von Temair zurück zum Hochkönig zu bringen. Doch der ist nun tot", warf Diarmuid ein.

„Wir werden den Stein trotzdem nach Temair bringen. Ihn woanders hinzubringen, wäre zu gefährlich. Seine Macht kann so leicht missbraucht werden", bestimmte Finn.

„Wir könnten in auch nach Connacht bringen", schlug Ríoghnach vor.

„Nein, das können wir nicht. Der Stein gehört allen Bewohnern Ériuis und nicht nur den Menschen in Connacht", entgegnete Finn.

In der Ferne war ein goldener Schein zu erkennen. Das Licht Loinnir Síorai, das Laoise hier zurückgelassen hatte.

„Das Licht, wer soll es nun tragen? Wer wird es zurück ins Königreich Tír fa Tonn bringen?", fragte Cáilte.

„Ich werde das Licht zurückbringen", sagte Oisín.

„Aber das kannst du nicht. Sie werden dich töten", wandte Ríoghnach ein.

„Ríoghnach hat Recht. Es ist absolut unmöglich, dass du gehst. Das wäre Selbstmord. Cáilte kann das Licht zurückbringen. Er war bereits einmal im Königreich Tír fa Tonn. Für ihn wird es ein leichtes sein, das Licht zurückzubringen. Cáilte, nimm du bitte das Licht", sagte Finn, so als könnte er Oisín schützen, solange er das Licht nicht in die Hände bekam.

Als die Reisenden mit dem Licht Loinnir Síorai und dem Stein des Schicksals das Ende der Höhle erreichten, hatte es bereits angefangen zu dämmern.

„Wir werden uns jetzt weiter westlich halten. Das ist das, was die schwarzen Reiter am wenigsten erwarten werden", sagte Finn und dann gingen sie weiter der untergehenden Sonne entgegen. Sie waren müde und erschöpft, doch jetzt konnten sie nicht rasten. Noch nicht. Erst als es stockfinster war und ein Weiterkommen zu gefährlich, hielten sie an. Sie entzündeten kein Feuer und bauten auch keine Zelte auf. Sie legten sich einfach im Schutz einiger Steine hin. Abwechselnd hielten sie Wache und zum Glück blieben sie unentdeckt.

Nachdem Finn aufgewacht war, sah er Oisín an den Klippen stehen. In der rechten Hand hielt er das Licht Loinnir Síorai. Die See war ruhig. Die Wellen umspülten sanft die Klippen. Sie schäumten kurz auf, wenn sie gegen die Steine trafen und ergossen sich dann über sie. Finn ging zu Oisín, der ihm den Rücken zugewandt hatte.

„Selbst wenn wir scheitern. Wenn es mich nicht mehr geben sollte, dann wird es die Klippen von Chorca Dhuibhne und das Meer immer noch geben. Mein Tod oder mein Leben ändern nichts daran. Die schwarzen Reiter können ganz Ériu einnehmen, doch an diesem Ort wird sich trotzdem nichts ändern. Das ist das, was Laoise zu mir gesagt hat, bevor wir die dunkle Festung erreicht hatten. Mich hat das erschreckt. Doch jetzt weiß ich, dass sie Recht hatte", sagte Oisín zu Finn ohne sich umzudrehen.

„Oisín, komm zurück zu uns."

„Ich kann nicht. Ich muss gehen und eigentlich bin doch schon fort."

„Was meinst du, wohin willst du gehen?"

„Es gibt nur einen Ort an ich noch gehen kann. Ich werde das Licht Loinnir Síorai zurück ins Königreich Tír fa Tonn bringen."

„Das kannst du nicht!"

„Doch ich kann. Ich muss sogar. Und ich komme schneller voran, wenn ich alleine gehe."

„Also gut, es ist deine Entscheidung", entgegnete Finn nach einer Weile.

„Ich möchte mich von den anderen nicht verabschieden. Ríoghnach wird es nicht verstehen. Sie wird versuchen mich aufzuhalten und ich habe Angst, dass sie es schafft."

„Ich verstehe das. Ríoghnach wird darüber hinwegkommen und wir werden ohne dich zurecht kommen. Nicht dass es das ist, was wir wollen", sagte Finn.

„Ja, ich weiß."

„Danke."

„Dafür, dass ich mit dir gekommen bin oder dafür, dass ich nicht frage, wie du auf die Idee gekommen bist, eine Steilküste hinabzuklettern und dann von ein paar treppenartigen Steinen zu springen?", fragte Oisín.

„Für beides, denke ich. Wir werden dich vermissen."

„Leb wohl."

„Leb wohl."

So verweilten die Reisenden, die nun nur noch vier an der Zahl waren am westlichsten Punkt Érius. Im Osten ging langsam eine neue Sonne auf. Chorca Dhuibhne war ein seltsamer Ort. Raum und Zeit schienen hier bedeutungslos zu sein. Die Grenzen zwischen dem, was war, dem was ist und dem, was noch sein wird, schienen hier zu verschwimmen. Langsam kroch die Flut die weißen Strände von Chorca Dhuibhne entgegen. Oisín saß an einem von ihnen und schaute zu, wie das Wasser unaufhaltsam näher kam. Ganz behutsam verschluckte das Wasser mehr und mehr Land. Am liebsten wäre er dort geblieben. Hätte sich keinen Zentimeter mehr bewegt. Wäre einfach dort sitzen geblieben, bis die Flut auch ihn selbst verschluckt hätte. Doch sein Weg war noch weit.

Ende der ersten Episode aus dem Fianna-Zyklus

Die Fortsetzung erscheint voraussichtlich im Herbst 2010

Unser gesamtes Verlagsprogramm
finden Sie unter:

www.acabus-verlag.de

ACABUS Verlag